名师名校名校长

凝聚名师共识
回应名师关怀
打造名师品牌
培育名师群体

　　　　　　　朱永远志

动手玩，动脑想
——基于儿童立场的建构游戏案例

段静静　主编

西安出版社

图书在版编目（CIP）数据

动手玩，动脑想：基于儿童立场的建构游戏案例 /
段静静主编. -- 西安：西安出版社，2024. 10.
ISBN 978-7-5541-7829-4

Ⅰ . G613.7

中国国家版本馆CIP数据核字第2024GA6841号

动手玩，动脑想——基于儿童立场的建构游戏案例
DONGSHOUWAN DONGNAOXIANG JIYU ERTONG LICHANG DE JIANGOU YOUXI ANLI

出版发行：西安出版社
社　　址：西安市曲江新区雁南五路 1868 号影视演艺大厦 11 层
电　　话：（029）85264440
邮政编码：710061
印　　刷：北京政采印刷服务有限公司
开　　本：710mm×1000mm　1 / 16
印　　张：14.5
字　　数：200千字
版　　次：2025 年 3 月第 1 版
印　　次：2025 年 3 月第 1 次印刷
书　　号：ISBN 978-7-5541-7829-4
定　　价：68.00 元

△本书如有缺页、误装等印刷质量问题，请与当地销售商联系调换。

随着学前教育改革的不断深入，人们越来越重视在游戏活动中启迪儿童的主动性和创造性，越来越关注如何通过多种形式来培养儿童的兴趣、爱好，越来越认识到坚守儿童立场、最大化地倾听儿童的想法与声音、尊重儿童特有的身心发展规律与个体需求、促进儿童健康快乐成长的重要性。儿童是花朵，需要爱、阳光和自由。

从2021年开始，教育部和联合国儿童教育基金会一直在用行政力量推广安吉游戏，"让游戏点亮儿童的生命"的信念深深地影响着学前教育的每一位工作者。它把游戏的自主权彻底还给儿童，让儿童在自主、自由的游戏中，获得经验、体验自主、表达见解、迎接挑战，使儿童的潜能得到最大程度的发展。这场革命的核心就在于儿童的"真游戏"以及教师的"放手与退后"。它所倡导的儿童立场正好契合游戏精神的核心观念，符合尊重儿童身心发展的规律。

建构游戏作为幼儿园的创造性游戏之一，非常受幼儿的喜爱，其对培养幼儿的动手操作能力、创造力和学习品质等都有着非常重要的作用。主编段静静依托宁夏第六届基础教育教学立项课题"基于儿童立场优化建构游戏的支持性策略研究"，带领教师在两年多的研究过程中积累了大量游戏案例，精选"我眼中的城市交通轨道""小船的旅行""从'龙舟'到'军舰'"等小、中、大班建构游戏案例30余个，收录

于《动手玩，动脑想——基于儿童立场的建构游戏案例》一书中，期望能与读者分享研究成果。

细品而深思，我们会发现这些案例折射出教师在思想上学会了站在幼儿的立场思考，发自内心地去尊重幼儿，积极地去了解他们的想法，认同幼儿的天性和创造性；在行为上凸显儿童在前、教师在后，能立足儿童本位静心聆听幼儿心声，能从幼儿的视角去观察、用幼儿的心去体验，能从"读懂"幼儿，给幼儿最多的观察、最少的干预、最好的支持等，让幼儿拥有更多自主选择、自由表达和创作的机会，从而助力他们健康快乐成长。

沉浸于案例，我们也能体会到幼儿的主体地位得到了充分的体现，如：幼儿从生活经验和兴趣出发，自主收集建构游戏所需的实物图片、表征记录，和同伴一起制订区域规则，根据不同的搭建主题选择搭建的场所，根据游戏的进程选择自己需要的材料，根据搭建的难易程度或自己的喜好选择搭建的小伙伴等，游戏活动架构实现了"要我玩"向"我要玩"的转变，幼儿的学习状态是专注的、投入的和喜悦的，每一个幼儿都萌发着"小小主人翁"的意识。

该书所选案例典型，描述的每个游戏活动都具有较强的启迪性和推广性，承载着深厚的现代育人理念。作为一位从事教育理论研究的同行，我谨向他们卓有成效的付出道一声辛苦！向他们所取得的成绩表示由衷的祝贺！也期待此书能为广大学前教育工作者提供借鉴。

马寿林

2024年3月31日写于宁夏石嘴山

目录

大班建构游戏

小班

建构游戏

游泳池

石嘴山市实验幼儿园　张瑞

【案例背景】

下午，在开展建构游戏活动前，我给孩子们介绍了建构室里的主要材料，然后请孩子们说一说，自己想搭建什么。有的孩子说想搭幼儿园，有的孩子说想建城堡，还有的孩子说想搭家等。慕慕说："夏天快到了，我们搭个游泳池吧？"她的提议得到了其他孩子的赞同，于是，我鼓励孩子们按照自己的想法去搭建。

【游戏过程】

来到建构室，见到丰富多样的建构材料，孩子们很快投入搭建活动中。慕慕选择了木质积木，她把两个手掌宽的半圆形积木拼成了一个圆，并且搭了好几层，周围立了一些窄的半圆形积木，一边还立了一块长方形积木，像梯子一样。她告诉我："这是游泳池！"（图1-1-1）小艺被慕慕吸引过来，和她一起搭起了游泳池。搭了几层，他又走开了（图1-1-2）。

图1-1-1　慕慕搭的游泳池

图1-1-2　小艺和慕慕一起搭建

一会儿，媛媛也加入了游泳池的搭建。她俩把积木一层一层地叠高，结果游泳池有些歪了。慕慕拿掉了一边的好几个半圆形积木，用手去调整另一边的积木，试图让游泳池变得直起来。经过调整，游泳池比刚才好了一些。她们继续往上叠加。

再高游泳池就要倒了，于是我说："你们的游泳池真好呀！我也想在里面游泳，可是太高了，我不敢跳下去。"慕慕想了想说："我们可以做个梯子。"媛媛拿来一块长木板，尝试把木板立在游泳池里，可是发现立在里面不行（图1-1-3），于是她们把长木板立在了游泳池外面（图1-1-4）。见状我没再继续打扰她们的搭建。

图1-1-3　媛媛将长木板立在泳池中

图1-1-4　把长木板立在了游泳池外

由于积木有些倾斜，她们搭高了后，游泳池倒了。慕慕看到散乱一地的积木，思索了一会儿，说："这样吧！"于是她把半圆形积木重新捡起来，两两拼到一起形成圆形，搭了三层。媛媛看到后，也像她那样搭起来。不一会儿，她们就建造了很多个相同高度的游泳池（图1-1-5）。

图1-1-5　很多高度相同的游泳池

教师的思考：这次建构活动的主题是幼儿根据自己的兴趣和经验自由确定的，在讨论时，慕慕提出搭建游泳池的想法，在游戏过程中表现出了自己对游泳池的认识和一定的了解，游戏主题来源于孩子的生活经验。当幼儿专注于游戏时，教师应做好一名观察者，不轻易介入幼儿的游戏，但在必要时教师可以适时启发和引导，如在幼儿搭建游泳池过高时，可以引导幼儿观察实际生活中游泳池的大小、形状、深浅等，让幼儿的建构游戏更贴近生活。

支持策略

（1）尊重幼儿的游戏兴趣。这就不得不提到儿童立场：儿童总是以他的眼睛看世界，他们有他们的观察方式、思维方式、解

释方式和表达方式。在建构游戏主题的选择上，要充分尊重幼儿，让幼儿自己去表达和探索。

（2）遵循幼儿的年龄特点。小班幼儿正处于直觉行动到具体形象思维的过渡阶段，幼儿的认识很大程度上要依赖行动，常常会边做边说。幼儿的想法也会随着摆弄材料而随之改变，教师要遵循幼儿的年龄发展特点，在幼儿的想法改变时，观察幼儿是否对正在进行的游戏充满兴趣，对幼儿提供支持。

（3）丰富幼儿的生活经验。游戏来源于生活，丰富的生活经验是幼儿建构活动的基础，在一日活动中，作为教师，我们要带领幼儿走进自然、观察周围的建筑物，渗透有关建筑物的介绍，为幼儿的搭建活动积累经验。周末也可以请家长带领幼儿外出观察公园的亭子、小桥，小区的住房、超市、停车场等等，引发幼儿的建构兴趣。

跷跷板真好玩

石嘴山市实验幼儿园　孙静

【案例背景】

建构游戏是幼儿非常喜爱的一种游戏，在一次户外游戏时，幼儿发现了在材料柜旁放着的跷跷板，引起了幼儿浓厚的兴趣。由于幼儿非常着迷于跷跷板，于是，一场关于跷跷板的游戏从此开始。

【游戏过程】

户外游戏时间到了，今天孩子们要到户外建构游戏区活动。游戏开始前，幼儿自主分成了两大组，一起围坐在桌前互相玩起了做计划选人的游戏。泽泽说他要和墨墨一起搭一个城堡，一哥要和轩轩搭建坦克，铭铭和锐锐要搭一辆摩托车……就这样，孩子们制定好了自己的游戏计划。

（一）跷跷板搭建初体验

游戏开始了，铭铭在搭摩托车，一哥在搭坦克，菡菡本来计划和小伙伴一起搭建城堡，可是由于他们之间意见不合，她便自己开始搭建房

子。孩子们都沉浸在自己的搭建游戏中。

就在这个时候，遥遥和玉玉发现了材料柜旁边放着几个长长的木板材料，于是两人尝试着搭起了跷跷板。不一会儿，跷跷板搭好了，两个小家伙合作得挺好，不时从她们那边传来开心的笑声（图1-2-1）。

图1-2-1　遥遥和玉玉合作玩跷跷板

（二）跷跷板游戏的火热升级

两个孩子坐在跷跷板的两边玩了一会儿，玉玉说："哎呀，我的屁股！"她发现当自己被翘起来时，坐在上面的小屁股还会朝前滑动，于是和小伙伴商量着拿来了一个小建构材料放在翘起来的一端，玩起了让物体滚动的游戏。

其他小朋友看到遥遥和玉玉两位小朋友的游戏，于是也想试一试跷跷板游戏，跷跷板顿时成了孩子们争抢得非常火热的材料。

煜煜小朋友将长方体玩具材料放在跷跷板上，不停拍动跷跷板，在他的拍动下跷跷板一上一下地摆动着，跷跷板的摆动使放在上面的玩具材料也跟着一起动了起来（图1-2-2）。

图1-2-2　煜煜将长方体玩具材料放在跷跷板上

（三）第三次跷跷板游戏

霖霖尝试将圆柱体玩具材料放在跷跷板的一端让其滚动滑下，他在游戏中发现，当圆柱体玩具在滚动下落的过程中，跷跷板两端的高低也会发生变化。玩了一会儿，他便自己一个人踩在跷跷板的两端，独自玩了起来。遥遥和玉玉共同玩了一会儿小积木的滚动游戏后，遥遥一个人在地面上玩起了小积木滚动的游戏，玉玉则独自一人趴在跷跷板上寻找让跷跷板两端都离开地面的平衡点。

过了一会儿，只见遥遥和玉玉两个小伙伴同向坐在跷跷板上，兴高采烈地说着："我们出发吧。"原来两个小家伙将跷跷板改造成了一辆跷跷板车。看见我走过来，他们高兴地向我炫耀："孙老师，这是我们的跷跷板车。""你们开着跷跷板车去哪里呀？""宝宝生病了，我们要带宝宝上医院。"遥遥用小积木当他们的宝宝，两个小家伙开心地玩着（图1-2-3）。

图1-2-3　跷跷板车

教师的思考：本次小班户外自主建构游戏中，幼儿通过直接感知、实际操作和亲身体验共经历了三次游戏经验的发展，幼儿逐渐升级了游戏内容、丰富了游戏玩法。第一次游戏时，两个小伙伴在跷跷板的两头一起游戏时，相互交流、一起合作尝试探索跷跷板的基本玩法，体现了幼儿语言表达能力和社会性方面的发展。接着幼儿发现通过拍打跷跷板可以使跷跷板上的玩具随之运动，这时幼儿对游戏有了探索和发现，幼儿不停拍动跷跷板，让放在跷跷板上的物体随之动起来。然后幼儿趴在跷跷板上用身体上下摆动感受跷跷板的上下运动，感受力的作用，以此寻找平衡点。最后，从建构游戏发展到玩跷跷板车的角色游戏。

学习不一定是游戏，但游戏却一定是学习。在此次游戏活动中幼儿不断回忆自己已有经验，相互合作、积极探索，全身心投入游戏，游戏中幼儿不断生成新经验，并将已有经验和新经验迁移到新玩法中，不断扩展幼儿的思维，幼儿在搭建跷跷板的过程中，体验到游戏乐趣的同时，培养了其初步的探究能力，社会性也得到一定发展。此次游戏活动

——基于儿童立场的建构游戏案例

使幼儿真正地体验快乐、收获成长，小小的跷跷板让孩子们玩出了大乐趣。

支持策略

（1）支持和鼓励幼儿对建构游戏材料的探究。在此次户外自主建构游戏活动中，幼儿通过三次游戏的经验发展，使游戏不断升级，游戏玩法不断丰富起来。教师支持幼儿从刚开始尝试使用木板搭建跷跷板，再探究可以在跷跷板上滚动的是圆柱体材料，而不是长方体材料，最后以物代物，用小积木当他们的宝宝，既符合幼儿的年龄特点也符合幼儿的身心特点。

（2）教师始终将幼儿放在游戏的主体地位，幼儿在前，教师在后，支持和鼓励幼儿的发展、需求和探索行为，为幼儿的游戏活动提供了有力的保障并推动游戏顺利进行，让幼儿体验到游戏的乐趣。

我眼中的城市交通轨道

石嘴山市实验幼儿园　王雯

【案例背景】

收拾班级材料时，靖之小朋友发现，班级内有很多的小汽车堆放在玩具筐中，显得十分杂乱。小汽车应该放在哪最整齐呢？于是他提议，"老师，我们能不能给小汽车建造出一个停车场呢？""没问题呀，你想搭建一个什么样的停车场呢？""我见过的停车场里面有很多的白线，画着很多的格子，小汽车就停在里面。""那你可以试着用咱们班的材料建造一个这样的停车场吗？""没问题！"初次的停车场建设活动便开始了……

【游戏过程】

（一）停车场搭建

第一次的搭建，靖之只是选择了身边的一些小纸盒。然后将小汽车摆放在了纸盒内，成了一个个的车库，但是这并不能满足他一开始对于停车场的规划，于是在活动结束后，他将自己心目中的停车场画了出来，并提出："老师，你能不能帮我把它们做出来，做成一个大大的停

车场？"根据他的需求，我按照他画中的停车场制作了简单的纸板图片（图1-3-1、图1-3-2）。

图1-3-1　幼儿设计的停车场草图　　　图1-3-2　完善后的停车场示意图

第二次的活动，靖之根据事先设计好的停车场样板将小汽车完整地停放在了停车场中。但是，他很快发现小汽车仅仅在停车场中并没有意思。于是他提议："我们可以让小汽车开出去转一转，然后再回到停车场。"但是问题又来了。玲玲说："小汽车都是在马路上走的。我们也应该有许多的马路。""应该用什么当马路呢？"我问道。"我们可以用积木。"但是在搭建的过程中，孩子们发现积木搭建的马路和他们现实中见到的马路不一样。玲玲说："我见到的马路是长长的，上面还有一条一条的线。"程程提议："我们也可以把它画出来。"说干就干，几个孩子赶紧拿出了自己的纸笔，画出了马路。为了满足孩子们的搭建兴趣，我在活动结束后，再次根据孩子们的需求，用KT板制作出了马路的模型，以便于孩子们在下一次的活动中能够更好地进行游戏（图1-3-3）。

图1-3-3　幼儿利用材料建造停车场

（二）交通轨道初现雏形

　　有了前两次的搭建经验，孩子们在第三次的交通轨道游戏中利用 KT板马路和停车场模型搭建出了完整的停车场和马路轨道枢纽。雏形搭建完毕，孩子们赶紧拿出小汽车在马路上行驶，但是很快，孩子们又发现了新的问题。玲玲说："我爸爸带我在马路上走的时候，马路边上还有红绿灯呢。""那我们也可以在马路中搭建一些红绿灯呀！"我顺势引导："应该用什么当红绿灯呢？"靖之说道："我们教室里的塑料积木可以拼接成一个红绿灯！"他赶紧跑到教室里拿出了齿轮积木，并且按照红黄绿的顺序拼插出了红绿灯的样子。（图1-3-4）

图1-3-4　用齿轮积木制作的红绿灯

（三）新的契机——桥的诞生

　　"花积木，造花桥……"在一次语言活动"造花桥"结束之后，孩

子们熟记儿歌的同时，也很兴奋地想利用积木建造儿歌中提到的花桥。建构游戏时，大部分的孩子按照儿歌中的内容选择了插塑积木、炭烧积木搭建出了一座座简单的小"桥"。靖之则想到再次利用KT板马路搭建一座可以让小汽车行驶的桥。他选择用一个纸杯搭在的纸板的一端，另一边放在地上，然后拿起小汽车在路面行驶，但是他很快就发现了新的问题：小汽车每次走到大桥中间的时候就会断开（图1-3-5）。"哎呀，怎么断开了呢？问题出在哪里了呢？"玲玲着急地询问。靖之研究半天，决定把纸杯放在桥的两端，桥总算是立起来了，可是两边出现了断崖。"你们看看哪个地方要连接起来？"我提醒道。"没错没错，这里既要能连上，还不能断开。"我再次给出建议，"你们可以看一看图片里的桥，或者是生活中的桥是什么样的呢？"

图1-3-5　靖之小朋友搭建的桥

（四）立交桥初探

结合第一次造桥的经验，孩子们回家开始收集桥的资料和搭建方法。第二次搭建前的讨论如下。

皓皓说："我在电视上面见过很高很大的桥，和我们这样的小桥不一样，大桥上面像马路一样可以开车，桥下面的马路也能开车，还能转

圈呢！"

小雨抢着说："我知道，我知道，我妈妈说那是立交桥。"

玲玲说："那我们也搭一座大大的立交桥吧，就用上次我们铺马路的板子。"

皓皓说："可是立交桥很高啊，我们应该用大一点的积木放在下面。"

"也可以用纸杯……"小雨说。

立交桥的初次探索在孩子们的讨论中如火如荼地进行，梓梓选择木板搭建地面的交通路线，小雨用纸杯搭建起了第二层的桥面，忽然皓皓再次提出问题："不对不对，我看电视上面的立交桥有很多很多层，像高楼一样。"孩子们也兴奋地说："我们也可以搭很多层呀！""可是纸杯已经被我们用了，需要更高的东西把桥搭起来。"靖之忽然跑到教室搬出了一个小板凳，"试试这个吧。"孩子们利用纸板、纸杯以及板凳等生活化材料搭建出了他们心目中的立交桥（图1-3-6）。

图1-3-6　幼儿用纸板、纸杯和板凳搭建立交桥

（五）我眼中的城市交通轨道

有了上一次立交桥搭建的成功经验，孩子们对于搭建立交桥产生了极大的兴趣，在回顾他们的搭建照片和视频时，他们对搭建环境也提出了自己的想法。

靖之说："老师，我觉得我们在走廊里搭建出来的立交桥都是长的，有没有大一点的地方可以搭建出更大的立交桥呢？"

"你们可以想一想，哪里还可以搭建出更大的立交桥呢？"我反问道。

"我觉得我们可以在教室里。"

"不行不行，教室里的小朋友太多了，会撞坏我们的桥。"

"我觉得我们可以在卧室里。"

"可是卧室里有很多的床呀。"

"卧室的床能不能也当作你们的搭建工具呢？"我提示道。

在激烈的讨论中，孩子们一致决定把搭建场地由之前的走廊改为卧室，并且利用卧室里的材料当作他们的搭建辅助工具从而完成他们的交通轨道的搭建。一开始的搭建并不顺利，孩子们兴奋地将卧室里的床全部拉了出来，完全占领了搭建的场所，在狭小的空间中他们无法施展。随着搭建进程的开展，靖之提议："我们把不用的床推回去吧，我们的床也可以用来搭桥。"于是，玲玲负责地面交通轨道的铺设，皓皓将两列三连床作为支点搭建最高的大桥桥面，靖之则利用高低不同的纸杯搭建出错落有致的立交桥桥面，梓梓则是选择了泡沫积木搭建城市的楼房、路标和加油站（图1-3-7）。最后，城市交通轨道顺利搭建完工，小汽车在他们搭建的路面顺利通车……

图1-3-7　用床作为桥墩搭建的立交桥

　　教师的思考：幼儿期是创造力发展的关键时期，生活中美好的事物、现象、新鲜刺激的感受恰恰是幼儿最喜欢关注的。建构游戏就是要利用生活中幼儿感兴趣的事，将幼儿已有的生活经验与自身的奇思妙想相融合，在游戏中促进幼儿创造力的发展。游戏是幼儿的天性，伴随着幼儿的成长，没有游戏就没有发展。作为教师，应该在孩子原有的经验上进一步启发他们，在孩子们自身需要的基础上组织活动，满足他们发展的需求。活动中幼儿完全是凭借已有生活经验，将小汽车的停车场迁移到建构游戏中，将一次次的计划和经验积累，利用平铺、垒高等简单的方式搭建成了自己眼中的城市交通轨道。幼儿从生活经验中获得了搭建的创意灵感，同时，又从尝试中获得了成功的体验，好奇心和求知欲也得到了满足，想象力、创造力获得了相应的发展。

支持策略

（1）尊重幼儿，追随幼儿游戏的兴趣。游戏中，教师充分尊重幼儿，倾听他们的愿望，让幼儿自由选择材料，自由想象，大胆创新。根据幼儿的建议，游戏场地从初次的教室的收纳角落到走廊建构区再到卧室分别进行；根据幼儿的需求，提供满足他们建构需要的游戏材料，在与材料的互动操作中发挥自身潜能。整个过程幼儿都在轻松愉快的氛围中游戏、发现、探索、尝试。

（2）鼓励幼儿，激发幼儿游戏的欲望。游戏中，我注重观察幼儿的游戏行为，发现幼儿遇到无法解决的困难，就提出启发性的问题，并用表情、着急的语气激发幼儿积极思维，寻求问题的答案。如"小汽车停在哪呢？桥断裂可怎么办呀？"幼儿从教师的语气、表情、语言中感觉到老师对他们的活动很感兴趣，从而激发了他们的表现欲，拓展了他们的创新思路，游戏欲望油然而生，创造力得到了进一步发展。

（3）支持幼儿，激发幼儿的创新能力。教师介入与指导幼儿的游戏时应有目标意识。为了指导推进幼儿的游戏发展，教师在引导游戏时要清楚地意识到"我为什么要在这个时候介入游戏"。当幼儿对搭建的材料提出需求时，教师以支持者的身份按照他们的需要提供材料；当幼儿对环境提出疑问时，教师以引导者的角色帮助他们确定可用的建构环境；当幼儿在搭建过程遇到难题时，教师以合作者的角色激发幼儿积极思维和探究的欲望。

超级滑梯

石嘴山市实验幼儿园　刘晓笑

【 案例背景 】

在主题课程"玩具大家玩"开展过程中，针对"你最喜欢幼儿园的什么玩具"这个话题，孩子们众说纷纭，有的喜欢玩滑梯，有的喜欢骑小黄车，有的喜欢玩摇摇马，还有的小朋友喜欢玩沙池等等。于是在进行区域游戏的时候，建构区的孩子们开始搭建幼儿园里自己最喜欢的玩具。

【 游戏过程 】

（一）初次搭建——幼儿园里的玩具

辰辰用光盘搭建了最喜欢的沙池，嘉栋用纸箱和光盘组合搭建了最喜欢的小黄车，还把半圆形的积木放在地上说："这个摇来摇去就变成了摇摇马。"天天搭建了自己最喜欢的滑梯，而浩浩则搭建了教学楼，并在里面摆放了很多的短木条说："这些都是在学本领的小朋友。"

在游戏分享环节，浩浩说："我觉得我的教学楼搭的特别不错，下次我还要搭一个更高的。"

天天说："我搭的滑梯是大树型滑梯，我想搭轮船型滑梯，可是太大了，我不会搭。"

辰辰说："那下次我和你一起玩，我也喜欢轮船型滑梯。"

我问："下次你们最想搭什么滑梯？"经过投票（图1-4-1），小朋友们选择了最喜欢的滑梯。

图1-4-1　幼儿投票

（二）第二次搭建——初搭超级滑梯

在第二次搭建之前，我带领孩子们不仅仔细研究了幼儿园里的滑梯（图1-4-2），还在网上找了很多不同形状的滑梯一起观看，孩子们还画了自己想搭建的滑梯（图1-4-3）。

图1-4-2　幼儿园里的滑梯

图1-4-3　幼儿介绍设计的彩虹滑梯

游戏开始后，雯雯一开始用纸箱和光盘搭建了一个两层的小滑梯，她说："这些立起来的光盘就是彩虹楼梯，可以上到最顶层的平台玩。"此时，旁边的辰辰、嘉栋、天天则是一起合搭了一个大的滑梯，天天说："这里有可以让小朋友走上去的楼梯，还有可以滑下来的超级长的滑梯。"嘉栋看着辰辰说："你在上面放那么多纸杯干吗？"辰辰说："这些是保护小朋友们不会掉下来的围栏。"天天说："可是都把小朋友的路挡住了。"嘉栋说："围栏在旁边，中间挡路的我都拿走。"雯雯在看到其他人搭建的大滑梯之后，把自己的滑梯推倒，然后用了更多的纸箱和光盘配合纸杯重新搭建起来（图1-4-4）。

图1-4-4　初次搭建的超级滑梯

游戏后，孩子们都觉得他们这次搭建的滑梯超级大，超级好看。因此我问他们："那你们想给这次的作品起什么名字？"最后，孩子们选择了"超级滑梯"这个名字。我接着说："你们起的名字太棒了，那你们知道'超级'的意思吗？"孩子们七嘴八舌地说着自己的想法，"你们下一次怎么把滑梯搭的更有创意呢？"有的孩子说："去建构室搭一个更大的。"有的孩子说："去外面的建构区搭，那里比建构室还

大。"我说："好的，我期待你们下次更棒的创意，如果要是有办法能搭一个可以玩的滑梯那就更棒了。"

（三）第三次搭建——再搭超级滑梯

户外活动时，孩子们看到了旁边中大班的哥哥姐姐利用木梯、木板和架子搭建了不一样的滑梯。孩子们问我："我们可以用木架搭滑梯吗？"我说："木架太高太沉了，你们有点小，不太安全。"天天说："我们可以用轮胎当木架来搭，轮胎小，很安全。"我说："那你们可以去拿木板和轮胎来试试。"于是，在强调了怎样安全使用和拿取之后，孩子们开始了新的滑梯搭建。

孩子们用两个轮胎垒在一起，再将木板放在上面，然后再拿长木板搭在旁边搭成滑梯。滑了两次后，天天说："我觉得应该再搭个护栏，不然掉下去怎么办？"于是，他又拿来两个轮胎放在长板旁边立起来（图1-4-5）。其他的小朋友也都学着他的样子搭了属于自己的小滑梯。雯雯拿来了小轮胎放在板子上面让它滑下去，说："看，我的小轮胎也可以滑滑梯了。"（图1-4-6）

图1-4-5　有护栏的轮胎滑梯

图1-4-6　小轮胎玩滑梯

教师的思考： 在此次搭建活动中，孩子们的热情源于他们的兴趣。当游戏的主题来源于兴趣时，孩子们在游戏中会更加主动、愉快的参与

到游戏中去。他们经常会在游戏中看着我说："老师，你看我搭的滑梯。""老师你看我搭的围栏。"……诸如此类的话，我能在其中看见孩子们眼中的喜悦。

在游戏中，孩子都专注地投入游戏中去，天天一直把小朋友的安全放在第一位，说明他的安全意识很强，能够为他人着想；雯雯通过观察同伴搭建的作品，还会对自己的作品进行新的改进；嘉栋善于观察，很有想法和创意……他们沉浸在自己的游戏世界里，专注的样子也让我觉得开心。游戏后的分享，他们也会边思考、边调整、不断尝试，从最初的每个人搭建自己最喜欢的玩具，到后面几个人一起尝试合作搭建较大的滑梯，最后搭建出一个可以一起玩的滑梯，一次次的探索也让孩子们在游戏中学习和成长。

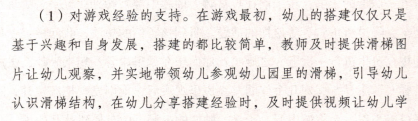

🌳 支持策略

（1）对游戏经验的支持。在游戏最初，幼儿的搭建仅仅只是基于兴趣和自身发展，搭建的都比较简单，教师及时提供滑梯图片让幼儿观察，并实地带领幼儿参观幼儿园里的滑梯，引导幼儿认识滑梯结构，在幼儿分享搭建经验时，及时提供视频让幼儿学习，通过互相学习，逐步积累搭建经验。

（2）适时的引导和提问。小班幼儿在建构游戏中多是平行游戏，如果没有适时的引导和提问，可能他们的游戏只能是基于兴趣的简单游戏。在幼儿遇到问题时，教师的开放性提问尤其重要。如："你觉得自己搭的怎么样？"给幼儿一个自评的空间，讲一讲自己的想法。再比如基于安全的前提下让幼儿去大胆尝试新的材料等，都是给幼儿一次自由探索的机会。

旅游路上的山洞过山车

石嘴山市实验幼儿园　张楠

【案例背景】

从开学到现在，孩子们对于搭建的兴趣与想法有了明显的进步。随着五一假期的来临，孩子们在日常聊天话题中经常聊到：五一去哪玩？坐车会经过哪里？等等这样的话题。听到孩子们的想法，我问道："你们想在班里进行一次五一之旅吗？你们想在哪里旅游？想乘坐什么去旅游呢？"小易、妮妮几个好朋友在班里观察后，他们发现把床拉开，刚好可以当作一个旅游山洞。于是，她们的山洞过山车搭建就开始了。

【游戏过程】

（一）材料选择单一，时间都浪费在了拿材料上

在第一次搭建的过程中，涵涵最开始提议："我们从娃娃家开始搭建，这样我们下次玩娃娃家就能从家里开车出去玩了。"听完后，每个孩子都想去拿自己用的材料，而材料都放置在墙边，于是他们每个人都挤着脱鞋子去拿材料，然后再穿上鞋进行搭建。俊熹和妮妮只选择了纸

盒和纸板来进行组合搭建马路，在马路搭建好后，小易发现还需要更多的材料，这样非常的麻烦，于是他突然拉住几个好朋友说："我们可以选择一个小组长，专门拿材料，这次你拿，下次我拿！"小伙伴们都同意了他的想法，于是选择冉冉一个人脱鞋去拿所需的材料，大大节省了每个孩子脱鞋穿鞋的时间，节省下来的时间可以进行游戏。在这一过程中，我始终在一旁观察，没有介入。

教师的思考：在游戏过程中，我始终以观察者的身份来陪伴幼儿。在我发现孩子们最初选择的材料单一，把大量的时间浪费在了穿、脱鞋上，我并没有第一时间去阻止或者去提醒，而是继续观察，把问题和时间留给孩子们，多一些耐心等待他们的发现。很多时候，只有孩子们自己发现问题，才能够自愿商讨去解决。教师只要当好一个观察者、倾听者即可，不必干涉孩子们的自然发展。通过倾听，我发现他们会以商量的方式去解决问题：有些孩子负责拿材料，有些孩子负责搭建；等里面搭建好后，一同出来搭建外面，从而体现互帮互助的友好相处。在这个时候，教师应该做的就是用一些手势（比如大拇指对着他们）来支持他们的改变就好，切勿打断孩子们的正常游戏。

（二）空间利用小，没有想好如何连接两边

拿材料的问题解决后，孩子们开始搭建，但是十几分钟过去了，我发现他们还是只在离娃娃家近的一边，用纸杯搭路灯、用泡沫积木搭电线杆，在马路上摆放各式各样的小汽车，并未完全把整个建构场地的空间和自己发现的山洞利用起来（图1-5-1）。于是，我开始以一个"游客"的身份进行了简单的介入。我请涵涵为我讲解一下他们五一出游的计划，接着，我提出问题："你们的旅游路线就这些吗？为什么这么久了我们的车还没开到山洞里呢？"小易回答说："我们还没想好车

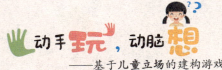
怎么开进去呢！"于是我继续观察他们的搭建并倾听他们的对话。不一会儿，小易带头开始了山洞的延续搭建，他用纸板延续马路搭建到了山洞，说："快来，我们需要更长的纸板让我们的旅游路线变长。"大家听到后，开始了扩大旅游路线的搭建。

图1-5-1　只利用了一半空间

教师的思考：在这次的游戏进行中，我发现，如果只让孩子们单次观察空间是没有用的，他们在解决上一次的问题后，会用到多种材料，可是仍旧没有很好地利用空间来搭建。于是，我换了一种身份去和孩子们对话与倾听，以提问的方式去了解孩子们的想法。在建构游戏中，我觉得幼儿的建构活动往往是"尝试性"而非表征性的，他们常常为了发现材料能干什么而使用材料，也会通过和材料的相互作用不断改变自己的建构意图。客观、真实地观察、了解幼儿是我们有效地满足幼儿的需求和促进其学习与发展的前提。所以，在幼儿长时间进行低效建构时，教师就需要适当地介入，比如以扮演角色的方式融入游戏，从而更好地鼓励和支持他们解决困难，推动游戏的发展。

（三）马路太低怎么办

就在孩子们搭建到了桥洞时，妮妮突然喊住小易说："你这样不

行，汽车都滑下去了，怎么过山洞呀？而且妈妈带我出去旅游时，我看见桥底下都是水，桥是建在水上面的，马路不可以直接在水上的。"小易听后说："对呀，那怎么办？纸盒子没有了呀！"于是他们陷入了不知道怎么办的僵局。就在这时候，突然冉冉说："我们去问娃娃家的人借小蘑菇形凳子吧，这样不就高了，汽车就不会滑走了。"大家连忙称赞这是个好主意，于是妮妮和小易赶紧跑到娃娃家去拿凳子过来继续搭建。他们解决了马路低的问题，开心极了。马路穿过山洞，延伸到了另一边，他们继续思考着在另外一边搭建什么才能将马路整个连接起来。于是，孩子们带着问题展开了下一步的搭建计划（图1-5-2、图1-5-3）。

图1-5-2　发现问题

图1-5-3　解决问题

教师的思考：在这次搭建的过程中，我看到了孩子们的不断探索。在他们发现问题时，孩子们将自己的知识与生活经验相结合，发动自己的小脑筋，找到了搭建的新材料——娃娃家里的蘑菇形凳子。最让我欣慰的是孩子们遇到困难并没有像以前那样跑来问我：老师怎么办？而是通过商量去解决问题。幼儿作为游戏的主导者，最主要就在"自主"二字上，幼儿通过自由分组、自由分工、自定主题、自己发现问题自己解决，而教师应该在他们选择了班级任何材料时，及时给予肯定的支持，

让他们大胆尝试，自主选择班级任何材料，把空间还给孩子，才能更好让孩子们进行建构游戏。

（四）孩子们眼里的景点

在大桥的问题解决后，孩子们兴奋地准备最后的搭建。这时小俊说："你们看，那边是家，我们开车出去玩，另一边肯定是景点了。"于是，他们用泡沫积木开始分工搭建景点，还找来了红黄绿的纸杯当作红绿灯，我发现他们还把小猪放在了搭好的房子中，于是我请求他们一起带我旅行，他们开始一一介绍。小俊说："红黄绿纸杯是红绿灯。"涵涵说："这是大武口的转盘，每次妈妈带我回家都会路过转盘。"这时，妮妮也说："这是动物园，所以我们放上了小猪，如果天气热了，我觉得小动物也会很难受，所以我们就搭建了一个风车给小动物扇风。"所有的搭建都完成了，孩子们都非常的兴奋，我们一同拍了照片，为其他的孩子讲解，一同欣赏自己的作品（图1-5-4、图1-5-5）。

图1-5-4 完成搭建

图1-5-5 回顾分享

教师的思考：在所有问题与困惑解决后，孩子们利用了更多的材料进行了创新，他们可以很好地与生活相结合，自己说出每一个材料在生活中的用处。在观察后，我认真的倾听，在与孩子们的谈话中，不光能听到他们介绍的路线，也可以发现他们有一些安全防患意识。在游

戏结束后，我鼓励幼儿畅所欲言，面向全班小朋友畅谈在游戏中的新发现或小问题，与幼儿总结游戏经验，并在活动后进行游戏反思。同时，我还引导幼儿参观其他小组的作品，谈自己的感受，这些都有利于提高幼儿的评价能力，增加分享欲与自豪感，从而激发幼儿对搭建的兴趣。

支持策略

（1）教师的观察、倾听与支持，要更具有幼儿立场。在实践中，教师要相信幼儿的能力，相信幼儿能够主动探究，相信幼儿能认真投入，坚毅勇敢等，不要急于向幼儿点明问题，要有足够的耐心去观察倾听后再给予支持，要让幼儿自己发现，商议解决后给予肯定。而在价值观上，教师要认同游戏离不开生活，生活中贯穿着游戏。

（2）高、低结构材料相结合，场地不局限，材料不局限。在建构游戏中，低结构材料百变、易组合，游戏空间较大。教师应该以低结构材料的运用为主，帮助幼儿积累核心生活经验，而在幼儿需要更多样的材料时，不应局限幼儿的所需，应该给予更多的支持，让幼儿去全方位的选择。而在指导建构游戏的过程中，教师要关注幼儿在活动中的需要，并给予适宜的支持与帮助，不局限场地、不局限材料，才能让幼儿大胆创新，更好地提升建构水平。

（3）把权力交给幼儿，真正做到以幼儿为中心。幼儿教育阶段应该重点培养他们的兴趣，以游戏化、生活化的形式开展活动。

为了使幼儿保持高度的游戏热情，无论何时，教师都应该实现幼儿在"玩中学、学中玩"的教学理念，通过游戏前的计划，游戏中进行观察、支持，游戏后的分享回顾，以幼儿为中心，才能培养和锻炼了幼儿的思维创新能力，促进建构游戏的有效开展。

好玩的隧道

石嘴山市实验幼儿园　代燕丽

【案例背景】

一次谈话活动，我问孩子们想在哪里玩建构游戏，有的说想在班里的建构区玩，有的说想去户外玩。我又问孩子们想去户外搭建什么，薇薇说："我想搭建一个城堡。"瑄瑄说："我想搭建幼儿园！"卓卓说："我想搭建隧道，上次跟我爸爸回老家，经过好多隧道，可好玩了。"晨晨说："我也见过隧道，隧道里面黑黑的。"锐锐说："隧道是弯弯的，里面还有很多灯，我们一起搭隧道吧。"其他孩子也附和着说要搭隧道，于是一场搭建隧道的游戏之旅，就此拉开了序幕。

【游戏过程】

（一）被卡住了怎么办

搭建游戏开始了，卓卓、晨晨搬来一些长方形的积木块，卓卓拿起一个长方形的木板说："我们先铺一条路，在最后留上一个口。"然后又拿起像砖块一样大小的积木，开始搭建隧道的墙，边垒墙边说："两边垒高一点，搭两层可以吗？"晨晨说："可以，把它们叠起来摆。"锐锐和霖霖也拿来一些积木，跟他们一起搭建起来。四个人不一会儿的工夫就搭建了一个隧道的雏形。锐锐拿个圆形积木试一试，结果被卡在了隧道里面，锐锐说："咦？怎么没有了？跑哪去了？"他们赶紧跑到隧道出口看了看，说："怎么被卡住了？"（图1-6-1）他们趴下身子，伸长胳膊把圆形积木拿了出来，又试了几次，圆形积木还是容易被卡住。我说："你们想想圆形积木为什么会被卡住呢？"锐锐说："应该是圆形积木跑偏了。"卓卓说："我觉得可能是我们的马路和墙中间有缝隙，圆形积木一跑偏就容易被卡住。""应该怎么办呢？"我说，晨晨说："应该把马路和墙挨紧一点，不能有太大的缝隙，我们试一试。"他们把隧道上面打开，又挪动了一下下面的木板，然后卓卓又拿一个圆形积木试了几次，结果圆形积木顺利通过了隧道（图1-6-2）。

图1-6-1　圆柱积木被卡住了

图1-6-2　调整内部间距

教师的思考： 卓卓、晨晨等四个小朋友，在搭建隧道的过程中，都表现得积极主动、专注投入，他们在搭建过程中有合作、协商的意识，当圆形积木被卡住时，他们能够找出是马路和隧道墙之间缝隙大的问题，通过调整马路和隧道墙的距离，使圆形积木顺利通过隧道，促进了幼儿解决问题能力的提升，游戏促进孩子的专注性、主动性和科学性的

发展。

（二）斜坡太陡了

解决了被卡的问题后，卓卓几个人又进行了第二次搭建游戏，基于第一次搭建隧道的经验，他们这次选用了宽一点的长方形木块铺路，然后在路两边搭建隧道墙。隧道搭好后，他们想在隧道入口搭一个斜坡，晨晨拿了一块方形积木做支撑，上面放了一个长木板做斜坡，结果方形积木太小了，支撑不稳，倒了，正在大家都不知道如何是好时，晨晨一转头看到旁边的几块方形积木，高兴地说："我有一个好办法，把这些方形积木拼在一起，然后把这个木板放上就可以了。"卓卓、月瑄又搬来了几块积木，将七块积木垒在一起，然后又换了一个长木板，斜坡就搭好了，大家赶紧拿出小汽车在斜坡上试一试，结果小汽车没有他们想象的那样顺利从上面跑下来穿过隧道，而是从斜坡上下来后翻车了，霖霖说："是不是斜坡太陡了？"他拿掉了两块方形积木，坡度小了一点，他们又试了试，虽然好了一点，但是小汽车还是翻车了，卓卓又换了一个短木板，结果还是不行。我说："小汽车在哪个地方翻车的？为什么会翻车呢？"月瑄又让小汽车从斜坡上跑了一次，卓卓高兴地说："我知道了，是在两个木板接口的地方翻车的。"他拿来一个长木板换上，让搭斜坡的木板压住一点铺马路的木板，让月瑄又试了一次，这次小汽车终于能从斜坡上跑下来，顺利进入隧道了，后来他们又在斜坡两边加了防护栏，小汽车从斜坡上跑下来更安全了（图1-6-3）。

图1-6-3 尝试搭建斜坡

教师的思考：孩子们在搭建斜坡的时候，由于坡度太陡了，路面和斜坡两块木板衔接不平，导致小汽车从斜坡上跑下来的时候总是翻车，他们通过不断调整支撑木块的高度和木板的长度，以及木板之间的衔接问题，最后将小汽车翻车的问题解决了，后来卓卓发现小汽车一不小心还容易从斜坡上掉下来，他们又在斜坡两边也加上了防护栏，小汽车能够从斜坡上顺利进入隧道。孩子们在游戏失败后，一次次的及时反思和再次尝试的精神，是幼儿乐于学习、主动上进的表现，建构游戏中蕴含着诸多学习品质培养的契机，认真把握这些契机，有助于幼儿多种学习品质的培养。

（三）隧道塌了

在游戏回顾分享后，孩子们对搭建隧道又有了新想法，想再搭建一个大隧道，隧道上面加上高压线和信号塔，里面加上灯，等等，在游戏开展前，孩子们做了游戏计划。

孩子们带着自己的想法又进行了第三次搭建游戏。游戏开始了，卓卓说："这次咱们把隧道建大一点，马路再加宽一些！"嘉博说："可

以，隧道里面加上灯。"晨晨说："怎么加灯呀？"锐锐拿一块积木立在马路边上，卓卓说："不行！会挡路的，要不咱们搭墙的时候，木块隔开点，给它留点空当灯。"大家都觉得可以，于是他们在搭建隧道墙壁的时候，木块之间留了空隙。正当孩子们搭建快要完工的时候，薇薇一不小心把隧道碰塌了，她连忙道歉说："对不起！我不是故意的，我只轻轻地碰它一下就倒了。"（图1-6-4）孩子们看到隧道塌了有点生气，于是我说："你们想过隧道为什么轻轻一碰就塌了吗？"卓卓想了想说："应该是我们在搭建的时候积木没有对整齐，导致隧道的墙倾斜了，所以隧道一碰就塌了。""大家想一想怎么才能把隧道搭得更牢固呢？"晨晨说："我们搭墙的时候，把木块对齐摆结实一点，不能让它歪了。"锐锐说："我们可以一个人搭，一个人扶着。"……孩子们想了很多方法，又重新开始搭建隧道，不一会儿，大家又齐心协力把隧道建好了（图1-6-5）。他们在隧道上面还搭建了高压线和信号塔（图1-6-6），马路拐了个弯，他们又在上面又搭建了一个小隧道，完美的隧道就建好了。

图1-6-4 隧道塌了

图1-6-5 重新搭建

图1-6-6 信号塔、高压线

教师的思考： 在这次的搭建中，孩子们将马路加宽了，隧道也变大了，为了解决隧道里面安装灯的问题，他们通过讨论决定在搭建隧道墙的时候留出空隙当灯。恰好太阳光照过来，阳光通过空隙照进隧道，像一个个小灯泡亮了起来。由于孩子年龄小，对间隔搭建的方法不熟练，导致搭建的隧道墙倾斜倒塌。通过老师的语言介入引导，他们很快找到了问题并积极想出解决问题的办法，再次齐心协力搭建隧道，他们通过亲身体验、对比、合作等方式确保了隧道的稳定性，又一次成功完成隧道的搭建，还结合生活经验，在隧道上面建了高压线和信号塔。

 **支持策略**

（1）抓住孩子的游戏兴趣，支持孩子的游戏想法。兴趣是最好的老师，不断促使孩子们搭建游戏的进展。当教师发现孩子们对户外搭建隧道感兴趣时，便及时提供了户外搭建游戏的机会，第一次户外搭建结束后，孩子们的兴趣依然很浓，教师继续支持他们第二次、第三次的搭建游戏，在第二次搭建游戏前，教师带领孩子们共同欣赏了一些隧道的图片，让孩子们对隧道有更多的了解，后来

教师发现孩子们想用小汽车在搭建好的隧道里玩，便发动家长收集一些小汽车让孩子带来搭建游戏时用，小汽车的提供更加激发了孩子们的搭建兴趣，增添了游戏情节。教师在幼儿的游戏中始终扮演着一个配角、旁观者或支持者的角色，要善于观察孩子的游戏兴趣，对孩子的游戏想法给予及时支持，以游戏兴趣为纽带，让孩子的游戏一直有戏，也许在下次搭建时，会有更精彩的创意。

（2）孩子们的自信心、创造灵感来自成人的赞赏。每次游戏对孩子们来说都是一个动手动脑、自我成长的过程。在搭建隧道中，孩子们遇到了一系列的问题，如：圆柱积木被卡、小汽车总是摔倒、隧道塌了等等，当孩子遇到问题后，教师并没有急于帮孩子解决，而是用语言介入引导，让他们自己去思考、去总结、去改进。孩子们在调整斜坡的时候，反反复复实验—调整—再实验—再调整很多遍，最后终于成功了，孩子们很高兴，玩得很开心，教师为孩子们竖起了大拇指，为孩子们在游戏中这种坚持不放弃的精神点赞，孩子们得到老师的赞赏更加有自信，在改进的过程中，孩子们能够提升自身的游戏能力，还能迸发更多的灵感。把游戏还给孩子，让其真正成为游戏的主人，教师只需静静在一旁观察即可，真实记录孩子们在游戏中的语言、遇到问题的解决方法，观察他们如何协商、合作、交流、一步步解决困难，并及时给予鼓励和赞赏！

（3）教师给予孩子充足的游戏时间。游戏时间对孩子们的搭建活动起着至关重要的作用，有了足够的时间保障，孩子们才能创造出更多完美的游戏作品，体验更多的游戏乐趣。每一次搭建隧道

前，孩子们都自发的生成属于自己的游戏情节和游戏内容，提前做好游戏计划，游戏开始就迅速进入搭建主题，当孩子们搭建游戏时间即将结束时，总会有一些孩子还有新想法没完成，教师就会把时间延长一些，尽量满足孩子们的搭建欲望，结合每一个孩子的创造力，经过时间的酝酿，促使其在原有水平上获得富有个性的最大发展，收获无限美好。

桥的故事

石嘴山市实验幼儿园　张瑞

【案例背景】

经过一学期的区域游戏，孩子们对建构区兴趣很浓厚，但受经验限制，搭建的活动停留在比较浅显的层次。这天的区域游戏开始时，我向孩子们介绍了建构材料：不同形状的积木块、薯片桶、酸奶盒等，我问："你们想用这些材料搭什么？"轩轩说："我想搭桥。"又有几个小朋友附和："我也想搭桥！"《3—6岁儿童学习与发展指南》中指出："幼儿的学习是以直接经验为基础，在游戏和日常生活中进行的。"桥的搭建活动由此开始，幼儿正是将生活中所见到的建筑物迁移到游戏中，并通过游戏体现，逐渐将经验丰富，不断创造新的造型。

【游戏过程】

（一）初次搭建

区域活动开始了，孩子们开始挑选材料进行搭建。涛涛选了酸奶盒，把酸奶盒一个挨着一个摆在一起，摆成了一个长条形的桥；哲熙

选择了积木和薯片桶，把一块长方形的积木摆在地上，把薯片桶立在积木上面；小杰选择了不同形状的积木，把不同的积木组合立在地上（图1-7-1）。

图1-7-1　初次搭建的桥

教师的思考：

（1）孩子们搭建得很专注，并且把自己对桥的认识用各种材料再现出来。

（2）受经验的限制，孩子们的桥多是一层，并且只是简单地进行平铺。

支持策略

（1）经验支持。①观察欣赏各类桥的图片——高架桥、拱桥、梁桥等，丰富幼儿对桥的相关经验。②引导幼儿讨论桥的结构："你看到了什么样的桥？"

（2）情感支持。教师对幼儿搭建桥的尝试进行肯定和赞赏，在情感和行动上积极支持幼儿对桥的搭建的探索。

（二）再次搭建

欣赏和讨论后幼儿再次搭建。祺恩用圆柱形的积木立在地上作柱子，用长方形的木板搭在上面，木板上放置不同形状的积木；佳慧用半圆形的积木搭出了一座拱桥；涛涛这次把酸奶盒放在地上，上面搭了一块长方形木板，木板上又放了一排酸奶盒，他的桥变成了两层的。佳忻用薯片桶作柱子上面平铺了一块木板，木板两边分别立了一块长方形的木板，他又拿来一块木板搭在了这两块木板的上面，可刚搭上去，这块木板就倒了，他继续尝试把木板立好，再把那块大一点的木板平着搭在这两块立着的木板上，他终于成功了！我问："你搭的这是什么桥啊？"他说："是拱桥。"籽程和朵朵一起合作搭建了长长的高架桥。其他孩子的桥也多是两层的（图1-7-2）。

图1-7-2　再次搭建的桥

教师的思考：

（1）孩子们把视觉的经验转化为空间的建构，孩子们搭的桥从一层变成了两层，有的桥变得更长，桥的结构更加丰富。

（2）孩子们在搭建桥的过程中开始学会同伴合作，如朵朵和籽程。

（3）老师没有讲解过的建构技巧，孩子们都在搭建中运用了，不仅会叠高，还会镂空叠高。

（4）孩子们的搭建更丰富了，但也出现了新的问题，教师发现室内的空间比较拥挤，限制了孩子们的发挥，并且材料也不够丰富。

支持策略

（1）经验支持。①通过讨论，引导幼儿对桥进行丰富，"怎样让你的桥能通过更多的车？"②为幼儿介绍会用到的几种搭建方法：单一积木封闭垒高、弯曲平铺、基本架空等。③请幼儿设计自己想搭的桥。虽然孩子们还是小班，但我大胆放手让幼儿进行尝试。

（2）材料与场地支持。为幼儿提供了种类更加丰富的炭烧积木，让幼儿到室外宽敞的走廊进行搭建。

（三）走廊搭建

走廊搭建时，佳慧拿来了一块长木板，因为木板太长了，木板的一头不停地晃动，会时不时碰到地上，朵朵看见了说："慢点慢点！"赶快过去帮忙。朵朵和佳慧一起把长木板摆在地上，佳忻看到了也帮助往来运长木板。思晴和雨琦看到了，也来加入他们，思晴拿来了短一点的木板，接在长木板上，雨琦说："放到这吧。"雨琦把木板进行了90°的转弯，让桥拐了个弯。祺恩在桥上走起来，雨琦说："桥还没有搭好呢！"桥的形状搭出来了，朵朵拿来了积木对桥进行装饰，语诺拿了钥匙头形状的积木块，一个挨着一个摆在地上，她觉得够长了，就把积木一个一个封闭地往高垒，骞诺搭了一座"之"字形的桥，孩子们在更广阔的空间中搭建出了自己心中的桥（图1-7-3）。

图1-7-3　走廊搭建的桥

教师的思考："让幼儿在游戏中学习，成为游戏的主人"早已成为幼儿游戏的追求。建构游戏为幼儿的想象和创造提供了多种可能，幼儿用材料模拟真实生活中的场景、物品，建构自己想象的世界。幼儿在建构游戏中，找到了乐趣，在自己探索中掌握了平铺、弯曲平铺、垒高、架空等建构技巧。在这次建构活动中，我看到了每位幼儿都有自己的想法和创造，几次搭建中的变化，幼儿的搭建从单一到丰富，从单独搭建到开始合作搭建，从简单运用搭建技巧到运用多种搭建方法，幼儿在一次次尝试中不断成长。

在这次建构游戏中，幼儿利用材料有价值地建构，在游戏中自由、自发、自主的活动，从主题的设定到搭建的探索，我将主动权完全交给了幼儿，幼儿把生活经验和游戏紧密相连。

支持策略

（1）教师要关注幼儿能做什么、需要哪些支持，然后把主动权还给幼儿，提供适宜的材料、环境支持幼儿主动学习，让幼儿体验游戏、操作、交往、表现所带来的创造的、合作的、成长的快乐。

（2）在后续"桥"的搭建活动中，可以请家长带幼儿参观各种不同的桥，如：斜拉桥、彩虹桥等；可以通过观看视频，让幼儿了解桥的不同材质，如：木桥、石拱桥等；还可以通过游戏引导幼儿了解桥的不同作用，如铁路桥、立交桥等。总之，让幼儿通过观察和体验，不断完善材料的投放，让幼儿自由探索更丰富的桥，在不断的创造中，提升幼儿的游戏水平和经验，促进幼儿认知、能力、情感等多方面的发展。

"趣"玩炭烧　其乐无穷

石嘴山市实验幼儿园　徐梦宇

【案例背景】

建构区积木搭建一直深受孩子们的喜爱，幼儿可以随意发挥他们的想象力，满足自己的欲望和需求。当我告诉他们，这个月我们可以到户外玩炭烧积木搭建时，孩子们便兴奋地你一言我一语地聊了起来，讨论着自己的搭建想法。

恒恒："我要搭一个飞机场。"

琪琪："我要搭一个公主的城堡，我要住进去。"

霖霖："我要搭一个加油站，能给好多好多好多的车加油。"

孩子们用画笔绘制出他们的搭建计划，共同期待着走进炭烧积木的探索之旅！

【游戏过程】

（一）独自探索搭建

孩子们将自己的游戏计划完成好后，迫不及待地开始了自己的搭建

游戏。哲哲从收纳筐里来来回回拿了许多正方形的积木，一个一个的向上垒高，他没有借助其他形状的积木，也没有和其他小朋友合作，而是一个人在地上专注地进行搭建，而另一边的卓卓则是选择了长方形的积木进行了垒高，当我回头注意他时，他的积木垒的差不多有一米高了，并且卓卓还在不断尝试继续往上搭积木。在搭建过程中这两位小朋友从始至终没有跟任何一个小朋友沟通交流，都是在独自搭建（图1-8-1）。

图1-8-1　独自探索搭建

回到教室后，我将孩子们搭建的作品图片、视频和幼儿一起回顾，引导孩子们自己发现问题，并且为了更好地进行游戏，我与孩子们共同观看各类搭建好的作品图片，拓展思维，提升经验。我们共同进行讨论，探讨几种基本的构建技能，并在班级中给孩子们演示搭建的基本方法：平铺、延长、围合、垒高等。

教师的思考：在自主搭建中，有的幼儿拿着积木在摆弄、探索，还有的尝试着搭建作品。一部分幼儿只选择一种或两种形状的积木搭建，并且并未按照在班里设计好的计划进行搭建，搭建较为随性，搭建的作品较为单一。在搭建技能上只是单一的平铺、堆砌。但幼儿在游戏中没有消极游戏现象，过程中都非常的专注。

小班幼儿的建构活动往往是无意识无目的的。小班幼儿建构计划性差，常常会受同伴影响随意更换建构主题。有时不会预先设计好需要搭建的形状，也不会按照计划进行搭建，通常都是等建构完成后再根据建构物的某一外部特正来给作品起名。

🌳 支持策略

小班幼儿建构经验正处于积累阶段，教师应在游戏前引导幼儿认识建构材料，展示搭建好的作品，搭建后回顾分享活动，拓展幼儿的思维，提升幼儿的经验。引导幼儿探索各种材料的连接方法，学习平铺、垒高、围合等主要建构技能，不断提高幼儿的搭建水平。引导幼儿有意识的给建构作品命名，帮助幼儿慢慢明确建构目的，确定建构主题。

（二）搭建城堡

孩子们都有无限的潜力，经过第一次的总结与探讨，学习了搭建的方法，欣赏了搭建成品的图片，有了初步搭建技能的经验积累后，孩子们第二次搭建游戏开始了。

佳佳："晗晗，我们一起来搭个城堡，我们把它们搭得高高的。"晗晗："佳佳你去拿这个长方形积木，我来搭。"晗晗首先将积木立起来摆了一个圆，而她在圆的中间，不断接过佳佳手上的积木。第二层她学着老师教的搭建技巧，在两块积木的中间放一块积木，进行叠高（图1-8-2）。就这样她们很快完成了一座三层的城堡，这时佳佳尝试往第四层放了一块积木，但由于重心没有找准，导致她们的三层城堡突然倒塌了，我看到佳佳在那一瞬间表情很失落。晗晗："没关系。佳佳，我们再来搭个更大的，比刚才的都大，这次我们放积木的时候要小心一点。"

佳佳开心地点了点头。最终在她们不懈的努力下完成了城堡的搭建，三个
小朋友变身成为公主在城堡里跳舞，引来了其他小朋友的羡慕。

图1-8-2　搭建城堡

教师的思考： 在搭建过程中，佳佳和晗晗能积极运用学习到的垒高
等技巧进行搭建，在搭建过程中虽然因为失误导致三层城堡倒塌，但是
佳佳和晗晗能相互鼓励，失败之后也没有去抱怨，而是对自己搭建的作
品进行调整，重新进行搭建。在游戏中，两名幼儿配合得也非常默契，
能够相互合作、相互配合，发展了幼儿良好的社会交往能力。

支持策略

　　小班幼儿的想象力和创造力正处于萌芽阶段，幼儿的建构经
验还不够充分，因此在一日生活中，教师可以带领幼儿多观察、
多感受、多体验，积累更多的感知经验和技能。同时，从多个角
度启发幼儿的想象力和创造力，为幼儿提供更多的搭建材料，支
持幼儿创新的需要，引导幼儿通过大量的模仿，丰富搭建经验，
提升幼儿活动水平，促进幼儿自主创作发展。

（三）搭建小区

再一次搭建时，我看见霖霖、橙子和恒恒三个小朋友在热火朝天地商量着什么，我走过去一听，原来她们三个想用炭烧积木搭一个小区，恒恒说："我家小区，楼高高低低的，特别好看。所以我想建一个楼有高有低的小区。"橙子说："我想建一个带有围栏的小区。"霖霖说："我也想建一个城堡式的家，我们一起搭吧。"三个小朋友商量好后各自拿了各自想要的积木开始搭建。

霖霖首先拿了长方形的积木围了一圈作为小区的前院，橙子发现长方形的积木由于草坪地面不是很平整而导致积木立起来放不稳，容易倒，所以和霖霖商量了一下，把长方形的积木在地面平放。之后橙子和恒恒拿了圆柱体的积木立起来做小区的楼，橙子用四个圆柱体进行搭建，可是刚把四个圆柱体积木放好，楼就倒塌了。旁边的霖霖："你搭太高了。"此时听到霖霖这么说的橙子发现问题后便开始调整起来，把原来的四层楼改成了两层或一层，接着用三角形积木给楼加上了屋顶。就在此时恒恒在一旁高兴地说："你俩看我的，我搭的高不高？""哇！真高呀！"橙子和霖霖都不约而同地说起来。橙子："恒恒，你是怎么搭得那么高，我刚才搭了四层就倒了。"恒恒一边用手指着，一边给橙子讲："我下面几层用的是正方形的积木，上面放一个圆柱，再放一个正方形，再放圆柱，这样我的楼就不会倒了。"经过三个小朋友不断地给搭建的作品进行改造，她们的小区大功告成了，霖霖高兴地喊我："徐老师，快看我们搭的小区漂亮吗？"我走到了她们建的小区旁边，橙子、霖霖、恒恒你一言我一句地给我讲解小区是怎么搭的。我看完后觉得很棒，最后霖霖也邀请其他小朋友来看她们建的小区，并计划着接下来要给小区再建什么，如何让楼变得更高（图1-8-3）。

图1-8-3　搭建小区

教师的思考： 通过一个月的炭烧积木搭建活动，孩子们从一开始的只会搭建单一物品，到后期的小区、城堡、我的家等，孩子们的创新能力、动手能力有了明显的提高，创新思维得到了发展。孩子们在搭建过程中遇到困难后，不再是一味地寻求教师的帮助，而是尝试自己想办法或与同伴商量寻找解决方法，在活动中孩子们的合作能力、人际交往能力也得到了显著的提高。

家

石嘴山市实验幼儿园　胡艳丽

【案例背景】

在建构游戏中，每一位幼儿都是"建构大师"，从最初生活经验的迁移到建构技能的提升，幼儿在游戏中创新主题、挖掘资源、发现问题、解决问题、总结反思、尝试改进，在这一系列的学习中，语言能力得到锻炼，社会性发展逐渐形成，分析解决问题的能力不断提升，这也是幼儿钟爱于建构游戏的原因吧！对于小班幼儿来说，幼儿园是幼儿最熟悉的游戏场所，从刚入园时的陌生到现在的依赖，生活和心理都发生着变化。在幼儿园这个大集体中，有好朋友、有老师、有幼儿喜欢的滑梯，他们将这已有经验迁移到自己的建构游戏中，幼儿对幼儿园的沙池、大门、教学楼、树木等都有着自己的认知和想法。

【游戏过程】

（一）更改搭建主题

区域游戏时，选择建构区的幼儿又在一起商量，还想要搭建昨天

的"幼儿园"，他们搭建了沙池、国旗杆，家庆、家仪正在搭建着幼儿园的电子门（图1-9-1），这时听到君君大声问悦轩："你这搭的是什么？"悦轩："我搭的是我家的双层床，上面睡的我姐姐，下面睡的我和妈妈。"君君："你家有双层床，我们家就没有。"君君脸上稍微有一些失落。就在他们讨论这个"双人床"时，旁边的家庆说道："我家还有一个很大的衣柜呢，里面有三层，放了爸爸、妈妈的衣服。"他边说边用泡沫积木搭了起来，周围伙伴都开始加入进来自动更换了主题，开始搭建"家"。

图1-9-1　搭建幼儿园

教师的思考：小班幼儿游戏主要以平行游戏为主，虽然幼儿看起来是在一起建构，但是他们更多时候是各自搭建各自的内容。游戏主题也是不固定的，从刚开始搭建"幼儿园"到慢慢变为搭建带有"双层床""大衣柜"的"家"。

支持策略

　　游戏中，教师通过倾听幼儿之间的交流，了解到幼儿更换主题的想法和意图，教师做的只是默默地观察，默默地追随，给予幼儿宽松自由的空间，让幼儿可以大胆实现自己的愿望，也给予幼儿一定的自信心，教师眼神与行为的肯定让幼儿倍感激励。

（二）搭建双层床

　　悦轩一直在专注地搭建双层床，最下面他用了泡沫积木，上面加了资源包盒子。

　　君君说："悦轩，你说你要搭双层床，可是这样小人要怎么上去呢？"

　　悦轩用手势像爬楼梯一样示范了一下："就这样上去！"

　　君君："这样小人肯定上不去，你要有个楼梯。"

　　于是，悦轩开始搭建楼梯，他在最下面放了资源包盒子，上面放积木，搭了第三层，第四层。她用小手扮演小人爬楼梯上去，她发现最上面少了一层，小人上不去了，于是她又加了第五层。完成后她又试了一下，确定可以上去了就高兴地喊来君君给他展示，悦轩还在床的两边加了围栏（图1-9-2）。

图1-9-2　搭建双层床

教师的思考：幼儿游戏主题来源于生活，又能将生活经验迁移到自己的游戏中，这一过程中，经验在生长，学习能力也在提高。幼儿在游戏过程中也是敏锐的观察者，观察同伴的游戏，并能提出自己的疑问，互相学习的能力逐渐在提高。

🌳 **支持策略**

幼儿学习的途径有很多种，同伴之间、师幼之间、家园共育等。尊重幼儿选择学习的方式，在保证不出现争吵的情况下相信幼儿有处理问题的方案。

（三）搭建餐桌、沙发

书君拿来了许多的资源包盒子搭建沙发，然后又搭建了桌子，这时我提议道："你们想要在桌子上玩什么呀？"君君说："我们想在这吃饭。"我说："没有东西可以吃呀！"书君拿起旁边的泡沫积木假装食物，这时悦轩说："娃娃家不是有好多玩具吗？可以拿过来。"不一会儿，他们拿来了很多的玩具摆放在沙发上、餐桌上。这时书君说不能把吃的放在沙发上，他妈妈在家就不让放，说是会弄脏沙发（图1-9-3）。

图1-9-3　搭建餐桌、沙发

教师的思考：3-4岁幼儿愿意在熟悉的人面前说话，愿意表达自己的需要和想法，所以他们在游戏中会想让老师和同伴加入并参与游戏。幼儿在这个时期会主动邀请老师一起去玩，或一起参与游戏或活动，也会出现互相交谈的现象，内容都是玩的游戏相关的内容。

支持策略

教师通过平行游戏的形式，走进幼儿的游戏，和幼儿一起互动，潜移默化帮助幼儿提升游戏经验。当好"配角"，不"喧宾夺主"。发现问题不急于去干预，做到有准备有策略地互动。

（四）合作搭建冰箱

悦轩从娃娃家拿来了很多的食物玩具，其中有冰激凌，他们说道："冰激凌放在这一会儿就化了，应该放到冰箱里。"于是，幼儿开始搭建冰箱。他们用四个资源包盒子围起来搭好了冰箱的第一层，里面放了冰激凌，旁边的小朋友看到就开始往冰箱里放锅、鸡蛋、烤串，这时书君喊起来："冰箱里不能放锅，里面能放蔬菜、水果、肉、冰激凌，水果要是洗了放进去容易坏。"（图1-9-4）

图1-9-4　合作搭建冰箱

——基于儿童立场的建构游戏案例

教师的思考：游戏中幼儿非常依赖主题，正因为是最熟悉的场景，所以玩的过程中会产生很多的共鸣。从刚开始的独自游戏到现在的合作游戏，幼儿的社会性发展在不断地提高。

支持策略

给幼儿结交更多玩伴提供机会，支持幼儿结交更多的玩伴。对不知道怎么合作的幼儿，给予鼓励，选择适当的时机引发幼儿之间的互动交流，支持幼儿掌握合作的方法。

美丽的小花园

石嘴山市实验幼儿园　富媛

【案例背景】

这天小诺和小泽去植物角给自己的小植物浇水时，发现自己的小植物已经有点蔫了……

小诺说："我的小植物在花架上摆着太挤了，晒不到太阳了，我想要让我的小植物放在旁边的彩色的台子上，这样很好看。"

小泽："台子上有很多植物了，你的小植物放不下了。"

小诺："那我们给小植物盖一个花园吧，这样它们就不挤了。"

孩子们找到我，想要让我帮他们的小植物盖一个小花园，我提醒道："你们可以尝试用积木来搭一搭。"

问题与兴趣是幼儿主动学习的一个重要的支点，为了更好地支持幼儿的探究与学习，教师尝试从"师幼共促"的视角，带领幼儿开启了搭建小花园的旅程。

【游戏过程】

（一）小花园生成记

孩子们好奇地围绕着积木堆，开始构思他们心中的小花园。小诺选择了用纸杯来搭建小花园，她先将纸杯依次摆放并拢成圆，然后小心翼翼地垒高了三层，每层纸杯都紧密相连，形成一个初具规模的围栏。完成这个步骤后，小诺满意地宣布："我的花园搭好了。"她的话音刚落，小泽便走了过来。他看了一眼小诺的作品，然后说："你的花园只有一个围栏，别人会把你的小植物拿走的。"小泽说着便动手示范起来。他拿起一个纸杯，摆放在了围栏的中央，形成了一个圆心。然后，他和小诺将剩余的纸杯依次摆放在圆心的周围，并且逐层向上垒高。两人合作默契，小诺认真地按照小泽的方法摆放纸杯，随着时间的推移，小花园逐渐成形（图1-10-1）。

图1-10-1　纸杯搭建的小花园

教师的思考：从这次活动中可以看出，小诺和小泽能够观察到自己的小植物在花架上的状态，当发现小植物无法在花架上得到合适的生长环境时，小诺提出了给小植物盖一个花园的想法，她能够突破现有的限制，构思出一个全新的解决方案，用纸杯搭建一个小花园。这种想象力

和创造力的发挥，有助于促进她的思维发展和解决问题的能力。在搭建小花园的过程中，小诺和小泽展现出了良好的动手能力和实践能力，他们能够利用纸杯按照自己的想法进行搭建。小诺能够熟练地将纸杯依次摆放并垒高，形成围栏；而小泽则能够提出改进意见，并指导小诺进行完善。两人的合作默契，使得小花园的搭建过程顺利进行。

（二）改良小花园

上一次的游戏回顾后，小诺、小泽依旧选择了搭建小花园，笙笙、茹茹也加入了他们的游戏，孩子们重复着上一次用纸杯围圆的搭建方式，搭建了很多个小花园。孩子们在游戏场地里活动时，总是碰倒已经搭建好的小花园，笙笙说："这个小花园一碰就倒，我不想搭了。"茹茹看到旁边箱子里的泡沫积木和炭烧积木，说道："我们可以用这个搭小花园。"孩子们同意了茹茹的想法，并立刻行动起来。小诺和茹茹用泡沫积木围出了小花园的四面墙，茹茹又在上面搭了一层三角形的小积木，茹茹说："我给小花园的围栏上安上了尖尖的刺，这样就不会有人来偷我们的小植物了。"小诺在小花园的一侧放了一个拱形的积木当作小花园的门。搭建好了一座花园后，孩子们发现这次的小花园再也不会被碰到了，笙笙也放弃了继续搭建纸杯花园的想法，与他们一起搭建更稳固的小花园（图1-10-2）。

图1-10-2　改良后的花园

　　小花园越搭越多，小诺想把自己的小植物放进花园里，便跑来征求我的意见，我同意了孩子们的想法，孩子们兴高采烈地去植物角把自己的小植物抱到小花园里，向同伴展示自己搭建的小花园（图1-10-3）。

图1-10-3　植物入住小花园

　　教师的思考： 活动一开始，小诺和小泽选择继续搭建小花园，这显示出他们对这一活动的兴趣和坚持，而重复上一次用纸杯围圆的搭建方式，也表明他们在学习和掌握新技能时，会通过重复来加深理解和记忆。当发现用纸杯搭建的小花园容易碰倒时，孩子们并没有选择放弃，而是开始寻找新的解决方案。茹茹提出了使用泡沫积木和炭烧积木来搭建更稳固的小花园，得到了大家的认同。这种积极寻找问题解决方法的态度，是孩子们在面对困难时的重要能力。其次，孩子们还展示了一定的创新思维能力和创造力，在游戏过程中，他们不仅使用了新的材料来搭建小花园，还在围墙上添加了尖尖的刺，增加了小花园的趣味性。

　　（三）扩建小花园

　　上一次改造小花园活动很火爆，其他孩子发现可以给自己的小植物建造花园，都纷纷想来建构区搭建。这天户外活动时，孩子们将小花

园移到了户外搭建场地，这次，所有的孩子都如愿的来参与搭建小花园。小宝、珵珵、熙熙用方形积木块围起了一个大大的圆，并在里面用小的方形积木隔出了很多空间，我好奇地问："为什么有这么多小房间呢？"珵珵说："我们小朋友的植物很多，我想让每个小植物都有地方晒太阳。""这里面还有可以种小花的地方。"小宝一边说着一边用小的长条积木和三角积木搭出了很多小花。但是积木小花很容易倒。我引导孩子们尝试其他的材料，小宝、熙熙高兴地用雪花片拼插了很多好看的小花放在了小花园里（图1-10-4）。

图1-10-4 幼儿户外搭建小花园

孩子们搭建一会后，各自的小花园已经初具规模，这时，正在另外一组搭建小花园的铭铭发现他们的小花园和小宝她们的小花园离得很

远，便对小宝说"你们可以把你们的小花园搭到我们这边吗？这样我们就变成一个大花园了！""可是我们已经搭好了，还是你们过来吧！"小宝反驳道。两人争执不下。我看到孩子们发生了争执，便建议孩子们："你们可以把你们的小花园连起来啊！"铭铭立刻回应道："那我们搭一条路吧。"说着便去寻找积木来搭建小路，只见他找到了很多正方形的积木，一左一右前后交错的搭建了一条连接两个小花园的小路。小路建成后，孩子们兴奋地踩着小路穿梭在各自搭建的小花园中（图1-10-5）。

图1-10-5 铺设小花园的小路

教师的思考：在活动中，孩子们不仅利用积木块搭建出小花园的基本结构，还创意地为每个小植物设计了晒太阳的"小房间"，并用不同形状的积木制作出小花，使得小花园变得更加生动和有趣。当发现积木小花容易倒塌时，他们并没有放弃，而是寻找新的材料——雪花片，来制作更加稳固的小花。在搭建小花园的过程中铭铭和小宝之间出现了争执，也反映了小班幼儿自我意识的发展。他们都有自己的想法和主张，不愿意轻易放弃自己的立场。当两人争执不下时，教师及时介入，建议

幼儿把两个小花园连接起来。这个建议得到了铭铭的积极响应，他立刻想到了搭建一条小路来连接两个小花园。铭铭在搭建小路的过程中，他能够找到合适的积木，并按照一定的规律搭建出稳固的小路，展现出了他的动手能力和解决问题的能力。

 支持策略

（1）教师应鼓励幼儿进行自主探索和创新。小班幼儿处于直观形象思维阶段，因此，在建构活动中游戏材料应直观、形象、色彩鲜艳，能够引起他们的注意。同时，材料应具有多样性和层次性，以满足不同幼儿的需求。例如，教师可以提供不同形状、大小和颜色的积木，让幼儿根据自己的喜好和想象进行搭建。

（2）小班幼儿的游戏兴趣往往来源于日常生活和亲身体验，教师可以根据幼儿的兴趣点，创设有趣的情境主题环境。例如，通过观察幼儿的日常活动，了解他们对哪些事物感兴趣，然后据此设计相关的建构主题。同时，教师可以运用丰富的材料和工具，激发幼儿的探索欲望和创造力，让他们在游戏中自由发挥。针对小班幼儿动手能力和实践能力的发展，教师可以引导幼儿设定一些具体的搭建任务，比如"搭建一个有三层围栏的小花园"或"使用特定数量的积木搭建一个小花园"，通过完成任务来锻炼他们的动手能力和实践能力。

（3）引导幼儿积极参与建构活动。教师可以通过与幼儿一起讨论、制订游戏规则和计划，帮助他们理解游戏的目的和意义。在建构过程中，教师可以鼓励幼儿尝试不同的搭建方法，引导他们发现并解决问题。同时，教师还可以适时地提出挑战，激发幼

儿的探索精神和创新能力。

（4）关注幼儿的游戏过程，提供必要的支持。在游戏过程中，教师应密切观察幼儿的行为和表现，了解他们的需求和困难。当幼儿遇到问题时，教师可以给予适当的提示和引导，帮助他们克服困难。同时，教师要确保活动环境的安全和卫生，提供适宜的活动空间，避免幼儿在游戏过程中受伤或发生意外。同时，教师还要关注每个幼儿的发展状况，及时给予指导和帮助，确保每个幼儿都能在活动中获得成长和进步。

（5）鼓励幼儿分享和交流。游戏结束后，教师可以组织幼儿分享自己的作品和经验，让他们互相学习和借鉴。通过分享和交流，幼儿可以进一步提高自己的建构技能和语言表达能力，同时也能增强他们的自信心和归属感。

我爱我家

石嘴山市实验幼儿园　　刘燕

【案例背景】

随着小班主题课程的开展，我们进行了"我爱我家"这一系列的主题活动，家是每个孩子天天生活的地方，也是孩子们感觉最安全、最温暖的地方，这里有最爱他们的爸爸妈妈，也有最喜欢的玩具，孩子们对"家"这个话题有说不完的话，我们就跟随孩子们的脚步一起去看看会发生什么样的故事呢？

【游戏过程】

第一次阶段：初次搭建"家"

户外建构游戏开始，小朋友们用积木搭建着我们的家，这时我看到月月和宸瑜从积木箱里搬运着积木，然后一点一点地将长方形积木平铺围合在一起，不一会儿家的轮廓就好了（图1-11-1）。芊芊说："这个家的墙太低了，我们可以把墙垒高一点。"大家一致认为墙确实有点低，芊芊接着说："我们把积木立起来。"她们再次搭建，就这样墙垒

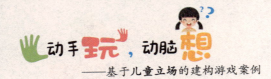

好了。

瑶瑶："我可以到你们家做客吗？"

月月："这个家好像有点儿小。"

宸瑜："我的家有好几个房间，有客厅、卧室、厨房、卫生间……"

芊芊："对呀！还有电视、沙发、床……"

图1—11—1　第一次搭建"家"

教师的思考： 3—4岁幼儿应掌握"围合""平铺""垒高"等建构技巧，在第一阶段游戏过程中，幼儿对搭建技巧有一定的了解和运用。月月和宸瑜在建构刚开始时运用到了平铺的方法搭建家，当有小朋友提到墙太低了这个问题时，芊芊大胆尝试并想到解决的办法，选择了垒高方式搭建墙，说明幼儿搭建技巧掌握较好。通过观察，可以看出幼儿在游戏过程中的耐心与坚持，能够全身心地投入其中，发现问题反复尝试并不断探索，直到解决问题，这种探究的精神真的很值得鼓励。

第二阶段：划分家里的房间

经过讨论后，孩子们将围墙搭高了，空间也扩大了一些，这样能容

纳更多的房间和家具。芊芊和允晗一起先用长方形木板围合了卧室，在卧室里搭建了一张床，这时小朋友迫不及待地躺在床上试一试，嘴里不停地说："好舒服呀，你也来试试！"卧室有了还需要一个客厅，月月找来了小木块积木搭了一个电视机，长方形木板做沙发，又邀请瑶瑶来客厅感受。这边的小凯准备搭建一个学习的书房，他选择用长方形积木搭了一个学习桌和椅子，就这样在小朋友的努力下我们的家已经划分好了房间，房间里也有了一些家具（图1-11-2）。搭完了，幼儿进行角色扮演在家中做着自己喜欢的事情。

图1-11-2　搭建"家"里的房间

教师的思考：在这一阶段的过程中幼儿通过动手操作获得更多种建构技能，增强空间感知能力，实现自己的想法，再现自己的生活经验，热情招待客人，体现了幼儿社会交往能力，对于小班下学期的幼儿来说，他们不再是简单的独自游戏，而是能与同伴间有合作有交流，同时也有互相学习，互相提高的能力了。他们开始试着与同伴搭建同一主题的作品，并能够用简单的语言介绍自己的作品，能理解和欣赏别人的作品。与此同时，还可以丰富游戏角色而且也有了一定的规则意识，知道

不破坏同伴的作品，大家共同享受建构游戏带来的快乐。

第三阶段：搭建"门"

芊芊发现搭建的"家"没有大门，于是她去积木箱里挑选适合做大门的材料。她找到了一个粗粗的圆柱体觉得很适合做大门的门框，可是门的左边和右边必须一样高，这样门才能牢固不会倒塌，她开始又找另外一个圆柱体，找了好长时间都没有找到一样高的圆柱体，她开始找到我帮忙，为了让小朋友自己发现并解决问题，我并没有直接告诉她，而是请来了她的同伴一起解决问题，月月跑来说："快来试试这个长方形积木，这个长方形积木和芊芊你拿的积木一样高！"就这样反复尝试下终于找到了和圆柱体一样高的积木来当门框，芊芊将大门头上用三角形来装饰了一下，大门也终于建好了（图1-11-3）。

图1-11-3　搭建"门"

教师的思考：当芊芊发现没有门时，立即去寻找材料，她找到的圆柱体积木又大又稳只有一个时，她来找老师帮忙，老师并没有直接告诉她，而是请来同伴一起想办法，通过不断发问的形式，引导她们亲自去试一试，体验尝试后幼儿更容易找到解决的办法。教师通过语言引导幼

儿自主地想办法，能支持幼儿的活动开展，幼儿最后想到找一个和圆柱体一样高的长方形积木当门框，还选择了多个小三角形积木可以让门的造型更美观。学习不一定是游戏，但游戏一定是学习，幼儿就是在反复尝试中不断体验成功的喜悦。

🌳 支持策略

（1）兴趣是最好的老师。让幼儿从兴趣出发，可以有效地激发幼儿的创造力，更能培养幼儿的专注力，教师要善于发现幼儿的兴趣点，给予他们适当的支持和鼓励。

（2）营造自主的游戏的氛围。教师要为幼儿提供一个宽松、具有安全感的游戏氛围，鼓励并支持幼儿按照自己的想法进行游戏，不控制、不干扰幼儿的游戏。

（3）重视幼儿间的合作意识，学会欣赏他人作品。当游戏中出现幼儿自己解决不了的问题时，可以为幼儿提供帮助，鼓励大家齐心协力完成游戏，引导幼儿与同伴合作协商，学会发现同伴作品的闪光点，多给幼儿表达的机会，增强幼儿的自信心。

（4）丰富幼儿经验，提供辅助材料。在后续"我爱我家"的搭建游戏中，可以带幼儿继续欣赏一些有关家的图片，丰富幼儿的经验。提供一些材料，如餐具、娃娃等。

中

中班

建构游戏

长　城

石嘴山市实验幼儿园　刘晓笑

【案例背景】

　　此次活动主题来源于主题活动中的特色建筑。在进行集体活动时，孩子们对于中国的名胜古迹都非常感兴趣，所以，我们开展了"你知道/去过的中国特色建筑"大调查。有的孩子说："我知道北京有天坛。"有的孩子说："我去过北京的故宫。"有的孩子说："我妈妈给我说上海有东方明珠，还给我看过照片。"有的孩子说："我去过长城。"这时其他孩子都纷纷说道："我也去过长城！"大多数孩子对长城都有了浓厚的兴趣。这时，有的孩子们问："长城是谁建造的？"有的孩子问："长城为什么那么长？""长城上为什么有一个一个的洞？""为什么长城隔一段就会有一个高楼？"等问题。在好奇心的驱使下，我们一同了解了长城的历史，想想说："我爸爸、妈妈还带我去过长城，长城又长又高又大，特别壮观。"子乔说："长城还可以防止敌人入侵，真是太厉害了！"到了建构区活动的时候，我听到孩子们讨论："我们一起搭建一个长城吧！"于是，孩子们开始了属于自己的长

城建构游戏。

【游戏过程】

（一）主题跑偏——搭长城变成了凳子垒高

由于活动前孩子们对长城这一话题十分感兴趣，所以，一进入建构区，孩子们就开启了搭建长城之旅。子乔搭建长城上的路，奕宏搭建烽火台，想想说："长城是建在山上的，有高有低，我们也要这样去搭。"皓皓说："那我们用积木搭建一个斜坡试试！"在尝试了几次斜坡搭建失败后，子乔突然说："上次我在旁边班级里，看见小朋友用椅凳搭建的，我看椅子就特别像长城的烽火台，还可以搭建斜坡，要不我们试试？"于是孩子们开始尝试在椅子上搭建斜坡。由于是第一次尝试用新材料搭建，旁边搭建的小朋友都被吸引了过来，椅子也被越搭越高，而之前的想法也慢慢地被幼儿忘记了，变成了椅子垒高的比赛。

活动后，子乔和小朋友们分享了搭建时发生的故事。他说："我们一开始是要搭建长城的烽火台，最后怎么变成椅子垒高了（图2-1-1）？我们要坚持完成搭建长城，不能乱搭！"想想说："我们都没有商量好，所以，才会搭的都不一样，根本就没有合作好！"我顺势引导："那你们下次搭建长城之前，打算怎么办呢？"想想说："我可以回家让妈妈给我找长城的照片。"子乔说："我们可以先把要搭建的长城画下来。"

图2-1-1 变形的长城

教师的思考：在第一次搭建中，由于每个孩子对长城的认知程度不同，再加上自主规划的经验不足，只有大概的分工和大体主题的确定，并没有明确的目标、分工，没有统一、具体的搭建样式。幼儿迅速确立的主题只是一个大体的概念主题，所以，导致在搭建中有的孩子看到什么或者想到什么就去搭建什么，偏离了主题。但是，孩子们在活动中遇到问题时，能接受同伴的帮助并且大胆尝试。

（二）明确主题——长长的长城

在第二次搭建前，孩子们在家中提前欣赏了长城的照片，还了解了更多的关于长城的知识。活动开始时，首先，孩子们画出了自己想搭建的长城的样子（图2-1-2），然后进行了材料的挑选，尝试了多种拼插积木，看看哪种更适合搭建长城的烽火台或者驻守长城的士兵。接着，孩子们之间明确了分工，两人一组进行搭建：有的搭建长城的主路，有的搭建长城的烽火台，有的搭建长城里面的士兵。经过一系列的讨论、合作，幼儿更加明确了搭建的主题——长长的长城（图2-1-3）。

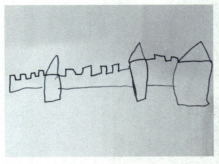

图2-1-2　幼儿设计的长城

图2-1-3　长长的长城

教师的思考：在第二次活动中，由于幼儿生活经验的积累、丰富，游戏主题确立的更加明确和清晰。个别幼儿在游戏中表现出了很强的创造力，但是没有及时表达出来，而是使用替换掉别人的材料来表现，导致搭建出来的长城是直直的。

（三）完善主题——弯弯曲曲的长城

经过前两次的搭建，孩子们已经具备了很多前期经验。在这次活动中，想想更像是一个领头人，他说："我和皓皓负责搭建左边的围墙，你们三个负责搭建右边的围墙，中间的路就是地板，这样我们就可以在搭出来的长城里面当士兵了。"凡凡说："那你们先搭，你们的墙往哪边弯曲我们就跟着你们弯曲，这样长城就变得弯弯曲曲了。"瑞迪说："那我帮你们拿材料，你们需要什么形状的木板和我说，我去给你们拿。"经过更细致的探讨和详细的分工，孩子们搭好了弯弯曲曲的长城（图2-1-4）。

图2-1-4 弯弯曲曲的长城

教师的思考:在一次次活动中,幼儿从最初的根据兴趣确立的主题—丰富生活经验后确立的主题—总结经验、合作讨论确立更明确的主题,孩子们在一次次的自我探索、自我总结中实现自我成长,探索出更具体的搭建主题。孩子们从主动收集关于长城的照片到确立更加具体的方式方法搭建长城,从陌生到充满兴趣再到搭建成功,都是他们自己一步一步去探索、实践出来的成果。对于幼儿来说是一种自主的学习和成长,孩子们也收获了成功的喜悦。

**支持策略**

(1)从儿童立场出发,以幼儿为中心,尊重幼儿的身心发展规律、兴趣、经验和情感需求,多关注幼儿活动的兴趣点,寻找可以发展的价值点。

(2)聆听幼儿的想法,为幼儿提供丰富的资源,利用家园共育、集体活动、社会资源等丰富幼儿的游戏经验,在活动后帮助幼儿回顾游戏过程，引导幼儿自发的交流和分享自己的游戏体验。

（3）逐步引导幼儿学会合作，在游戏过程中能和小伙伴共同商量，解决问题，发展幼儿的社会性交往能力。

小船的旅行

石嘴山市实验幼儿园　买璇

【案例背景】

随着幼儿年龄不断增长，幼儿从书中汲取的经验也不断增加。这次游戏的主题来源于语言活动"我的旅行经历"。在集体活动后，孩子们对旅行这个话题非常感兴趣，于是我们组织了一场关于旅行故事的分享大会，孩子们从家里带来了许多关于旅行的图书，每天餐后大家都会拿起自己的图书和小朋友一起分享。凯晨给大家分享了他最喜欢的绘本《小船的旅行》后，引起了小朋友的热议："我们去海南的时候也坐了轮船，还去了一个小岛呢。""我也和妈妈一起去星海湖坐过船，那个船还要像骑自行车一样去蹬才会动。""我也坐过船，我们去海边的时候还见过很大很大的船。""绘本里的小船是送信的，我见过专门运货物的船。""我知道还有专门打仗的船。"这时，有的孩子问："船是什么做的，为什么那么大的船能浮在水面上呢？""为什么有的船特别大，有的船很小呢？"于是，我让孩子们回家和爸爸、妈妈一起开展关于"轮船"的大调查。

【游戏过程】

再次开展区域活动时，因为孩子们对船有了一定的了解，凯晨提议一起搭一艘小船去旅行。大家开心地附和："好呀，先搭一艘小船吧！"于是，属于孩子们的小船搭建开始了……

因为前期的讨论和自身的经验，孩子们对于船的兴趣很高，所以在游戏中孩子们也表现得非常积极。在遇到困难时孩子们会主动地思考，请求爸爸、妈妈的帮助，使整个搭建主题逐渐清晰明了。

第一次搭建：主题初探

一番商量后，孩子们决定搭建一艘能够活动的小船，这样它就可以去旅行了。可是，怎样才能让小船去旅行呢？涛涛说："要不然我们拿个板子放在底下吧，到时候可以拖着小船去旅行。"孩子们听到后开始行动起来，搭到一半大家忍不住试一试，却发现刚把板子拿起来，搭建好的积木就倒了下去，而且板子上的积木很重也不好挪动。梦泉无奈地说："要是板子上有辘轳就好了。"这话提醒了凯晨："咱们的床不是有辘轳，我们可以把床搬过来试一试。"（图2-2-1）于是孩子们很快将床整理出来。孩子们用蓝色的卡纸铺在小床上，并用圆弧形的积木组合装饰，搭建成了一艘小船。就在他们打算推动它的时候，积木噼里啪啦散落了一地（图2-2-2）。孩子们好像找到了乐趣，不停地将积木搭建好，再摇晃使积木倒下，几乎忘记自己是在搭建船。只有凯晨在观望一会儿后，去旁边继续搭建他的船。

图2-2-1　搬床实验

图2-2-2　积木散落了一地

活动结束要收玩具时，凯晨很不高兴地说："我们不是搭大船吗？你们怎么都去玩床啦！"梦泉说："哎呀，对呀，不是说要搭大一些的船吗？我们怎么又在床上搭小船了。"涛涛说："那明天我们继续来搭吧，这次要搭一艘大一些的船。"

教师的思考：孩子们在最初搭建时，有想法能行动，并且在遇到问题后能够自主地进行思考，大胆地运用之前没有用过的建构材料，这是非常大的进步。但是因为是第一次搭建，在相互讨论后确定搭建大船，找到新材料又忘记原来的计划，继续在床上搭建小船，孩子们并没有明确分工，也没有计划，只是想到什么搭建什么，在游戏中遇到一些新奇的事物很快忘记自己的搭建主题，转身投入其他游戏中去。

支持策略

（1）引导幼儿先制订计划，决定好搭建什么样的船再进行搭建。

（2）制订计划后合理分工，让每个幼儿都要记得自己的搭建任务。

（3）发现有幼儿脱离搭建主题时，其他幼儿要及时提醒。

第二次搭建：主题设计

第二天搭建时，孩子们早早地围坐在一起展开讨论。文文说："我想搭一个大一些的帆船。"梦泉说："可是我想要一个圆底的小船。"涛涛说："我想要搭一艘打仗用的船。"每个人都有不一样的想法，最后凯晨说："我们可以先把自己想搭建的小船画出来，然后大家来投票决定搭建什么样的小船。"（图2-2-3）孩子们听后都表示同意这个方法。最终，梦泉和涛涛决定搭建一艘圆底的小船，凯晨和文文决定搭建一艘大的帆船，乐乐和令玺负责另外的小船。有了搭建计划分好工后，孩子们很快进入了游戏。

可是没过一会儿，涛涛便和文文起了争执，原因是文文将纸杯放在小船的四个拐角的地方当作灯塔，可是涛涛却不满意这样的方式，于是扔掉了纸杯，文文生气极了，问道："你为什么要弄坏我的灯塔？"涛涛说："不对，不对，灯塔要高高的。"文文说："但是这艘小船也很高呀，而且你弄坏我搭的东西都没有和我说。"两个小朋友争执不下的时候，凯晨跑了过来说："你们是想要搭建灯塔吗？我们可以在旁边用椅子搭建一个高高的灯塔。"听到这里，大家都觉得这个主意非常好，乐乐和令玺也跑过来帮忙。于是，小船有了它的第一个灯塔（图2-2-4）。

图2-2-3　讨论

图2-2-4　搭建灯塔

教师的思考： 在第二次搭建的时候，孩子们在搭建前就进行了讨论，制订了搭建计划。每位幼儿在搭建设计中都有自己独特的想法，整个过程中孩子们能够大胆的和同伴交流自己的设计和想法。尤其是凯晨能够在大家出现分歧时，主动地解决问题，顺利帮助大家进行分工。在搭建中涛涛和文文两位小朋友也因为即兴创作的灯塔而产生了分歧，但是在其他小朋友的帮助下不但顺利化解了矛盾，也为"小船的旅行"增添了不一样的创作灵感。

 **支持策略**

（1）在搭建过程中，当孩子们有分歧时，可以引导幼儿采用投票的方式，决定搭建主题。

（2）引导幼儿借助绘本，将绘本里的灯塔、小岛和商店等建筑融入搭建主题中，不断丰富搭建的内容。

第三次搭建：主题拓展

经过前期的经验累积，大家在第三次搭建前，继续交流讨论，这次每个人都有了新的想法，大家交流了自己想要搭建的内容。找到了目标行动起来很快，孩子们迅速按照自己的计划进行着搭建，用椅子搭建出高高的灯塔，用积木围出小岛（图2-2-5）。"小船的旅行"已经逐渐完善，就在这时涛涛说："海底应该还有隧道，我们应该搭建一个漂亮的海底隧道，这样开车也能去岛上啦！"（图2-2-6）梦泉说："那我也要在岛上搭一个冰激凌店，这样你就可以从这买好吃的了。"于是，"小船的旅行"这个故事又有了新的篇章……

图2-2-5　用积木围出小岛

图2-2-6　搭建海底隧道

教师的思考：孩子们从第一次的搭建小船初体验到后面能够自己创意设计，离不开他们一次次的经验总结，在第三次搭建时孩子们已经可以根据故事的情境和自己的已有经验来创编绘本里没有出现的事物，这是孩子们在一次次自我探索中得到成长，从懵懂到熟悉再到完全掌握的过程。

 **支持策略**

（1）授人以鱼，不如授人以渔。要丰富幼儿的生活经验，不断刷新幼儿的最近发展区，注重幼儿的兴趣，丰富幼儿的想象力，将设计创造的决定权交还给幼儿。

（2）幼儿是游戏的主人，幼儿在游戏中遇到困难和矛盾时，应当尊重幼儿作为主人的权利，尊重他们独立思考和反思的能力。

（3）请幼儿分享搭建过程，以及创新的想法，经验共享，提高幼儿游戏水平。

把游戏还给孩子，放开手脚。小游戏，大世界，学会放手，试着放手；学会观察，试着观察，让孩子能够真正地享受自主游戏带来的快乐，真正做到从儿童立场出发。

我们的社区

石嘴山市实验幼儿园　苗洁

【案例背景】

　　随着中班主题课程的开展，我们进行了"我们的社区"这一主题活动。孩子们对居住的小区都很熟悉，那么，小区里都有什么呢？孩子们七嘴八舌说了好多：高楼、小广场、停车场……为了丰富孩子们的相关经验，我让家长们带着孩子们去观察自己的小区里面都有些什么，具体是什么样。请家长帮忙拍照，以便孩子们和同伴分享时能够直接感知，为后续的搭建奠定基础。

【游戏过程】

（一）寻找合适的游戏环境

　　游戏时间到了，孩子们来到了建构区，彤彤和天天决定用木块搭建小区。彤彤用木质积木来围封，很快就建成了一座房子。在分享环节，孩子们展开了一番讨论：

　　彤彤："我发现地方太小了，搭建的房子很小。"

天天："材料也很少，用这种长方形的积木做围墙，围不了多大积木就没有了。"

贝贝："我们取材料的时候特别慢，从那边拿过来总是担心碰到小朋友的作品。"

孩子们一起讨论寻找解决问题的办法。

贝贝："我们把建构区域的地方再扩大一些。"

彤彤："我们去教室外面的楼道内试试。"

天天："我们可不可以到教室旁边的建构室？"

于是，我让孩子们自己去体验尝试，把三筐搭建积木摆放在楼道。第二天的区角游戏开始了，建构区的孩子们一起去楼道里体验搭建游戏，分享的时候大家发现了新问题。

贝贝："楼道里面也很小，我搭到小区围栏的时候就没有地方了。"

天天："我们在楼道搭建的时候，其他小朋友都没办法通过。"

彤彤："楼道里图书区的小朋友太吵了，他们讲故事的声音很大，还总是喊。"

经过孩子们的集体商讨，他们觉得楼道不是最佳搭建场地，随后我们将搭建的场地由楼道转移到了建构室（图2-3-1）。

图2-3-1　寻找合适的游戏环境

教师的思考： 在建构游戏中，空间布局的不合理可能会影响幼儿的游戏效果及游戏质量。足够的游戏空间是幼儿进行持续建构游戏的保障。在游戏中，孩子们发现游戏空间太小，搭建的作品也会很小；搭建的过程中会有碰撞，作品会遭到破坏；还发现了有一些材料数量特别少，不能够支持他们的游戏。中班的幼儿已有了一定的合作、商讨、协作能力，他们在游戏中会适当地听取同伴的意见，并进行一定的尝试。

（二）制定合理的游戏规则

建构区活动又开始了，孩子们兴高采烈地来到了建构室，这次孩子们很自主地分成了三组，一组搭建小区，一组搭建水果店，一组搭建小区游乐场。活动结束后，孩子们又来到我的面前。

骏骏："老师，建构室的材料特别多，我都不知道选用哪种材料操作了。"

杨杨："建构室地方大，有的小朋友却在游戏时拿着积木敲打着玩。"

彤彤："有的小朋友一会搭建游乐场，一会又搭建房子，到处乱跑，有的小朋友拿材料的时候碰倒了我的房子。"

教师："那怎么办呢？"

孩子们你一言我一语，有的说："建构室内不能乱跑。"有的说："建构室内的积木应该按顺序摆放。"有的说："我们应该做上标记，在建构室里要遵守规则。"……于是，孩子们一起制定建构游戏规则（图2-3-2），他们把画好的规则讲给同伴听，让其他的小朋友们也熟知，这样有助于建构游戏的有序开展。

图2-3-2　制定合理的游戏规则

教师的思考：建构室里面的建构材料丰富，地方宽敞，能够保证幼儿搭建游戏的持续开展。由于建构室是单独的一间教室，幼儿初进到建构室时比较兴奋，教师放手让幼儿自己探索，有了宽松的空间和心理环境以后，有些幼儿就不能够很好地遵守游戏规则了。回顾环节中，部分幼儿发现了问题，他们商量讨论一起重新制定了建构室的游戏规则，他们把画好的规则讲给同伴听，让其他的幼儿也熟知，这样有助于建构游戏的有序开展。

（三）设置便利的游戏空间

孩子们正在搭建社区里的建筑，骏骏拿来了木质积木进行搭建，搭建好围墙以后，准备搭建小区内的建筑物，这时他的围墙被旁边取材料的小朋友碰倒了。尽管孩子们很快地把碰倒的积木重新摆好了，可是建筑物仍被碰倒了好几次。

骏骏："取材料的小朋友总是碰倒我搭建好的作品。"

教师："那我们应该怎样解决作品被碰倒的问题呢？"

彤彤："我们取材料路过的时候小心点，那样就不会把作品碰倒

了。"

泽旭："我已经很小心了，可还是碰倒了。"

天天："我的水果店需要一些水果，我觉得塑料的小积木可以充当水果，但是拿到小积木要穿过他搭的围墙。"

原来，建构室里的材料摆放得不够合理。于是，孩子们一起进行了空间布局的调整。

教师的思考： 合理的空间、便于取放的材料更有利于幼儿的搭建活动，为了保护幼儿和建筑作品的安全，避免幼儿在建构过程中互相干扰，我们将建构室内分为：材料区、搭建区、展示区，读写区。在材料区，将材料进行了一定的删减整理，我们把不经常用的材料放在靠墙边的柜子里，需要的时候再拿取；把经常用的材料分类摆放，并且做上标记，有利于幼儿收取方便。搭建区则是空阔的中间区域，这样幼儿搭建好的作品不会被取材料的幼儿碰倒。我们把墙面、柜子设为展示区，把幼儿搭建好的作品拍成照片贴在墙上，或者把建筑模型放在柜子上进行展示。在读写区另放置一张桌子和凳子，幼儿可以随时进去更改他们的设计图纸。在这个过程中幼儿通过尝试自己想办法、与同伴沟通、请求教师帮助等策略后，在一次次的协商、探究和搭建中发现问题并解决问题，在这个过程中幼儿解决问题的能力、自信心都得到了有效的提升。

支持策略

（1）给予幼儿充分的、自由的、舒适的空间环境，让幼儿自己探索发现问题，商讨解决问题的办法。

（2）随着游戏情节的不断推进，幼儿通过操作、探索、发现使用什么样的材料更稳定更形象，怎样将材料组合才不容易倒塌

还美观，从而逐步丰富对材料属性的认识。最后，适当地添加、减少、组合材料等。

（3）鼓励幼儿自评或他评在建构游戏中的分工合作、社会交往、学习品质等方面的表现，组织幼儿讨论，启发幼儿从不同角度寻找解决问题的办法，从而提升幼儿解决问题的能力。

轮滑轨道

石嘴山市实验幼儿园　王雯

【案例背景】

孩子们最喜欢用游戏材料来搭建自己喜欢的东西。并且随着年龄增长和游戏精神的深入，孩子们的搭建游戏不再通过简单的拼搭进行固定建筑物的搭建，而是开始喜欢通过用积木进行可操作的游戏化的建构活动。户外建构区里有很多长条形的炭烧积木，这一次，子琪开始探索用长和短的炭烧积木进行斜坡滑行的实验探索。

【游戏过程】

（一）轮滑轨道初探索

游戏开始，子琪选择了两条长条形的炭烧积木一头搭在幼儿园围墙的小台子上，另一边倾斜立在地上呈现出一个斜坡形，接着他拿了几条长条形的积木在斜坡下的结尾处进行了延长。这样一个斜坡轨道就搭建好了。接着子琪开始尝试用物体在斜坡上的滑行。他先拿起一块砖形积木放在轨道上，积木顺着斜坡滑行了下来。摆弄材料中，他无意识的

将一块砖型积木竖立地摆放在了斜坡结束后的轨道下面，然后把方块积木摆放在了轨道上开始滑行，积木在斜坡上下滑后将他摆在轨道上的小障碍物撞倒了。受到这次游戏的启发，子琪拿到了更多的砖型积木，并且整齐地排列在下方的轨道上，呈现了多米诺骨牌的摆放形式。子琪用砖形积木滑行了几次发现效果不太好，于是他发现了更利于滚动的圆柱形积木。一开始他选择的是一个小小的圆柱形积木，虽然滚动很顺利，但是对轨道下方的障碍物的撞击力量不够大。于是他又拿来了大大小小不同的几种圆柱形积木同时摆放在了斜坡上，并且开始尝试探索圆柱形积木进行滚动后对下方障碍物的撞击力。在实验中，子琪发现，积木数量少它们的力量很小，撞击的力度不够大，但当积木数量很多的时候，撞击力度就会很大。游戏过程中，长条形积木的坡度开始变缓。子琪很快发现坡度陡的时候，下滑的速度快，坡度缓，物体下滑的速度慢（图2-4-1）。

图2-4-1　在轨道上进行游戏

（二）轮滑轨道大比拼

在上一次子琪搭建的轮滑轨道游戏中，其他的孩子们发现了其中的乐趣，积极地进行了第二次游戏的探索。第二次游戏中，男孩子和女孩子自发地分成了两小组进行轮滑轨道的搭建。

男孩子小组的轮滑轨道依然选用的是上一次的搭建方式，两根长板作为斜坡，依然用较厚的砖形积木竖向排列当作障碍物。而女孩子小组与男孩子小组的区别是她们选择了三块长板进行搭建，轨道搭建的更宽一些。然后，她们在轨道的旁边还进行了漂亮的装饰（图2-4-2）。在游戏中她们发现过多的装饰并不利于斜坡轨道物体的滑行，但是她们依然选择保留了漂亮的装饰物。障碍物选择的是更薄的砖形积木，由于较薄的砖形积木在竖向摆放时很容易倒，于是她们将这些积木进行了横向的摆放。随着"三、二、一，比赛开始"的声音，男孩子小组和女孩子小组同时放手，两组的障碍物全部倒下了。

回到教室以后，教师将他们的比赛视频进行播放，孩子们通过对比比赛过程中男孩子和女孩子两组的不同操作方式以及他们不同的排列方式惊讶地发现，原来男孩子小组和女孩子小组选择的砖头不一样，因此女孩子小组的积木更容易倒，而男孩子小组的积木需要很大的力量才能够倒。在对比中，孩子们也发现了，虽然积木的大小看起来一样，但是因为它们的薄厚不同，障碍物积木的重量也不同（图2-4-3）。

图2-4-2　女孩子小组的轮滑轨道

图2-4-3　幼儿游戏记录表征

（三）家园合作共探索

前两次游戏结束后，教师将孩子们的游戏视频进行了剪辑，并且发送给了家长。子琪和靖之的妈妈也对孩子在游戏中的探索精神给予了很大的肯定，并对游戏的延续给予了积极的支持，在家中为孩子也购买了多米诺骨牌玩具，孩子在家里的游戏中发现了原来多米诺并不仅仅只能单向摆放，而是可以根据摆放的变化展现不同形态的效果（图2-4-4）。子琪的妈妈也在教师的引导下，对于孩子的游戏进行了一对一的倾听与记录。通过对孩子的倾听，家长们懂得了从孩子的角度理解世界。

图2-4-4　在家探索多米诺骨牌游戏

（四）轮滑轨道再升级

又一次的搭建游戏中，子棋对于轮滑轨道的热度依旧不减。在游戏前的访问中，子琪说："这次我要搭一个升级版的轮滑轨道。"到底什么样是升级版的轮滑轨道呢？他依旧按照前几次的搭建形式，将长板搭建在了围墙上，形成了斜坡，但是在接下来的轨道搭建中，我发现他开始将轨道的走向搭建出了不同的方向，有分叉，有拐弯等（图2-4-5）。随着轮滑轨道的搭建成功，我发现了子琪这一次的轨道不只是朝

向一个方向，而是像树状散开。游戏开始了，随着子琪将圆柱积木松手，下方的多米诺开始按照他事先排列的方式一个接一个地倒下……这次的游戏活动非常的成功。回到教室后，老师将这一次的游戏视频记录依旧分享给孩子们，请孩子们在观看后进行分析。孩子们也对于子琪在视频中的操作展开了热烈的讨论。观察中孩子们发现了越大的积木重量也越大，下滑撞击障碍物的威力也就越大。

图2-4-5 升级版的轮滑轨道

教师的思考：

（1）幼儿与材料互动的价值。在初次的斜坡探索游戏过程中，子琪用长板将围墙和地面相连，呈现了斜坡，这是中班幼儿搭建水平明显提高的体现，他们能够在基本的搭建水平上与周围的生活环境相结合，实现创造性物体的架空与平铺，达到其预设的建构目标。贯穿整个活动的材料只有两种简单的炭烧积木，但越简单的材料越能给予孩子提供更多的可能性，在游戏中子琪善于对材料进行研究和探索，在一次次的活动中总结经验，获得知识，同时他对于建构游戏的热爱和专注支撑着整个活动的持续进行，是个很有创新意识和探索精神的小朋友。

（2）教师与幼儿互动的价值。《3—6岁儿童学习与发展指南》中指出：要珍视游戏和生活的独特价值。幼儿日常生活中的各种小意外，蕴含着丰富的教育契机。教师要善于发现和捕捉利用这些小意外引导幼儿的活动，为他们的自主探究和深入学习创造更多的可能性。游戏中，孩子们一次次调整材料和方法进行深入探索，背后折射出他们一次次的思考。因此，教师不单单是幼儿安全的看护者，更是幼儿游戏的持续观察者。轮滑轨道的游戏持续了近两个星期，教师一直追随幼儿的脚步进行持续观察、关注，孩子们遇到问题时，教师关注他们会怎么思考、怎么调整，又会怎么解决，在适当的时候通过组织大家交流分享等方式给予支持。正是因为教师持续观察、关注幼儿的游戏，充分了解了幼儿的游戏行为及背后的想法，才能看懂幼儿的游戏，了解幼儿的学习与发展。在观察幼儿游戏的过程中，我们发现幼儿的有些游戏行为我们不是很懂，但我们知道一定有他们的道理。于是，我们通过游戏记录、交流分享等方式去倾听、了解幼儿的观点，正是通过倾听，我们了解了幼儿的理论，而这些理论正是他们用自己的语言来表达对科学现象的理解和诠释。

（3）家庭教育的价值。《幼儿园教育指导纲要》指出："家庭是幼儿园重要的合作伙伴。应本着尊重、平等、合作的原则，争取家长的理解、支持和主动参与，并积极支持、帮助家长提高教育能力，实现家园互动合作共育。"幼儿园与家庭的教育优势互补，有效地利用了教育资源。教师和家长也在这一过程中充分的理解，相互的支持，把自己当成了促进幼儿发展的主体，形成了积极的教育合力。孩子也在家园共育的影响下形成了深度的学习。

（1）根据兴趣和需求，走向深度学习。自主建构游戏是幼儿掌握一定建构技能的基础上，按照自身意愿和兴趣自由选择建构主题和建构物体，进行创造性构造的活动，其主要目的是培养幼儿的独立性，让他们自由想象与创造。在自主积木建构游戏活动中，教师应该支持、鼓励幼儿按自己喜欢的方式去建构，建构什么，怎样建构由幼儿自己决定，给予幼儿自主的游戏选择权，让幼儿在没有外力的情况下能轻松愉快地尝试探索建构。基于幼儿兴趣和需求的活动更能引发幼儿积极学习的主动性、参与性、积极性。基于幼儿的兴趣与需求而生成的话题，才能激发幼儿探究的欲望与激情。正因为轨道滑行和多米诺是子琪喜欢的，因此他才愿意不断地进行搭建，不厌其烦地去尝试和探索，这就是学习源于兴趣。在以儿童立场促发幼儿游戏的背景下，教师要尊重幼儿的需要和兴趣。

（2）基于问题和探索，引发深度学习。当幼儿好奇地摆弄物体，探索物体和材料，试图通过各种动手动脑的方式解决问题和寻找答案时，正是幼儿"好探究"的表现。本次的活动，是幼儿动手探索的过程，是他们探究和解决问题的过程，他们先后运用砖形积木、圆柱形积木等不同材料，探索轨道的滑行和撞击力度的问题，在探究中发现了"坡度越陡，物体下滑速度越快""物体越大，重量越大，撞击速度越大"这些问题，这是一个深度学

习的过程，而教师要做的就是做幼儿学习的支持者，做活动发展的引导者，做游戏材料的提供者。活动中保护幼儿的好奇心、求知欲，强化幼儿间的同伴合作，帮助他们提高语言表达、科学探究、想象创造等多方面的能力。

（3）进行梳理总结，促进幼儿经验积累。在自主建构游戏结束后进行梳理总结、评价交流，可以为教师指导建构游戏提供依据，同时也为提升幼儿的游戏经验起到良好的效果。教师需要通过多种记录形式，如：录像、照片、录音等，经常引导幼儿做各种探索、游戏活动的总结，使他们的游戏经验得到巩固、提升，不断地积累自己建构的有益经验，通过师生、生生间的交流互动，推动游戏不断发展，促进幼儿多元能力的提升。

游戏的过程是幼儿最好的学习过程，幼儿是活动的主体，教师基于儿童行为的观察，跟随儿童的脚步，支持幼儿的兴趣，引导幼儿在发现问题、解决问题、主动探索的过程中建构属于他自己的有益学习经验，真正成为游戏的主人！

停车场

石嘴山市实验幼儿园　张颖

【案例背景】

在主题课程"车轮滚呀滚"的指引下，孩子们带来了很多的玩具小汽车作为课程的深入了解与实践。孩子们带来的汽车没有找到合适的地方存放就都堆放在了走廊的桌子上（图2-5-1）。一天午饭后散步时经过这里，孩子们惊叹有很多的玩具汽车之余，雨馨说："这么多车堆在这好乱，我的车压在下面不会给我压坏了吧？"于是引发了大家的讨论：这些车应该怎样放才能又整齐又不会压坏呢？经过讨论后，孩子们决定给汽车们搭建一个舒适的家——停车场。建构游戏就这样开始啦！

图2-5-1　汽车堆放在桌子上

【游戏过程】

（一）当幼儿出现情绪问题时

孩子们选择了炭烧积木和薯片桶这两种主要材料，他们把薯片桶排列在两边作为底部支撑，用长板积木进行了平铺，很快停车场的第一层就搭建好啦。彬彬在第一层的两边加上了马路，方便汽车上下，逸川、玥玥、佳佳负责搭建第二层。摆好薯片桶后准备搭建底板的时候他们发现：积木太短了，不能够搭在两边的薯片桶上（图2-5-2）。于是，三位小朋友经过尝试商量出一个办法，将两边的薯片桶向中间挪一挪，缩短距离让积木搭上去，来解决在搭建过程中遇到的第一个小问题。

在孩子们认真投入的搭建过程中又出现了一个小插曲，在反复尝试搭建第二层的过程中，出现了上层频繁倒塌的现象，彬彬表现出了烦躁的情绪，便开始有对同伴进行大声呵斥、推倒作品等行为。于是，其他的孩子们对他进行了友好的劝说，但依然没有缓解彬彬的情绪。孩子们继续搭建着，终于停车场搭建好，孩子们拿来小汽车开始玩耍并停进车位中（图2-5-3）。

图2-5-2　积木不能搭在两边的桶上

图2-5-3　用小汽车游戏

孩子们开心地玩了起来，但问题也随之出现了：没玩两下，停车场就轰然倒塌了。彬彬看到此刻的情景，大声地责怪同伴，发脾气，而其他的孩子们虽有遗憾但也很快调整了心态，继续补救起来。第一次的游戏就在这样反复补救的情况下结束了。

教师的思考：幼儿在建构游戏中所遇到的问题各种各样，但是并不是每一个问题都需要教师的介入或者随时介入。幼儿之间也表现出自己解决问题的行为方式，但是，由于幼儿的年龄较小，在很多事情上仍然需要教师提供指导与帮助。因此，幼儿教师应该合理把握幼儿建构游戏的介入时机。针对彬彬出现的问题，老师在了解了他的性格特点的前提下，并没有及时制止和疏导，而是把这个问题留在了大家分享的环节，让他有一个冷静的时间，也让大家对此问题进行了再一次的思考。

（二）当游戏材料不合适时

第二次搭建开始之前，老师和孩子们分享了一些关于停车场的图片，孩子们了解过后，新的搭建计划出炉了。

有了计划之后孩子们很快行动了起来。逸川说："上次的停车场太小了，那么多车，而且有的车还很大，停车场都被碰倒了，这一次咱们把停车场搭的大一些。"淼淼说："对，上次的薯片桶也太容易倒了，这次咱们不用这个了。"于是，大家选择了新的材料——软体积木。很快，停车场的围栏搭好了，玥玥在停车场里铺好了马路（图2-5-4）。雨馨说："这个大门得大点车才能进来，最好再漂亮点。"扬扬说："停车位上都应该有线，得把车停在线的中间。"

孩子们试了很多的材料觉得都不合适做停车位的线，这时我对孩子们说："其实走廊还有很多的材料，你们要不要去那里看看？"于是，孩子们纷纷跑到走廊，找到了材料，彬彬高兴地喊着："这个多像一条线。"孩子们回来开始拼起来，还细心地给不同大小的车拼了不同的车位（图2-5-5）。

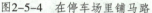

图2-5-4 在停车场里铺马路

图2-5-5 安排不同车位

教师的思考： 在本次游戏中，孩子们尝试了很多次停车位该怎么搭却无果的时候，老师进行了适时的介入，提醒幼儿找寻合适的材料进行搭建。幼儿也能根据建构主题的特征来选择材料。比如在搭建车位的时候幼儿能够根据车位的白线来选择材料。经过了第一次的游戏后孩子们在第二次的游戏中会有更多的思考，这体现了孩子们的探索精神。这一次的游戏中孩子们都能够很友好地进行游戏，不再因为出现问题而抱怨与烦躁。

（三）成功搭建停车场

有了上一次成功的喜悦，孩子们意犹未尽的还想进行搭建。为了更好地推进游戏，在游戏开始前我们进行了一次讨论。孩子们觉得用软体积木做围栏还是太容易倒了，不太合适，而且用彩色的小棒怎样才能把停车场搭成两层的呢？针对这样的问题，老师引导孩子们在班级里找一找合适的材料尝试一下。于是，孩子们发现了新的材料——方形纸盒子，里面还有东西，很沉不容易倒。

——基于儿童立场的建构游戏案例

游戏又一次开始了，孩子们用彩色纸杯搭好停车场的围栏，又用纸盒做底部的平面，用一样高的圆柱积木做支撑，上面盖上纸盒，这样两层的小车车位搭好了（图2-5-6）；彬彬用方形积木做隔断，多米诺骨牌分隔小车的车位；淼淼用大块的软体积木做分隔大车的车位（图2-5-7）；一个漂亮的停车场建好了。

图2-5-6　两层小车位

图2-5-7　停车场

教师的思考：幼儿经过了两次的经验累积后，第三次的游戏更加的顺畅了，出现的问题也能够及时地与同伴协商解决。中班幼儿的建构主要以掌握叠高和架空两种技能，幼儿利用这两种技能让作品更加的立体，空间感更足。在游戏中，教师更多的是一位倾听者和欣赏者，真正地体现了孩子们游戏的自主性，做游戏真正的主人。

 **支持策略**

（1）做游戏的观察者与倾听者。当幼儿在游戏过程中出现情绪急躁时，教师可以给幼儿一些时间，等待幼儿用自己的方式与同伴共同协商解决出现的问题。

（2）鼓励幼儿进行尝试、试错。《3—6岁儿童学习与发展指南》中指出：幼儿的思维特点是以具体形象思维为主，应注重幼儿通过直接感知、亲身体验和实际操作进行科学学习。当新的问题出现的时候，教师可以鼓励幼儿共同讨论，积极思考寻求解决的办法。

赛车道

石嘴山市实验幼儿园　代燕丽

【案例背景】

　　十一小长假大部分孩子都去游乐场玩了，入园后，丁丁、轩轩、博博等几个小朋友讨论着游乐场里各种好玩的游乐项目，区域游戏时他们在建构区搭建了游乐场，里面有摩天轮、海盗船、充气城堡、滑滑梯等游乐设施。博博搭的赛车道最受大家的欢迎，孩子们都想玩一玩，于是一场搭建赛车道的游戏之旅就此拉开了序幕。

【游戏过程】

（一）赛道裂开了

　　游戏开始前，孩子们制订了搭建赛车道的游戏计划（图2-6-1），并把计划用绘画的方式记录下来。

我想和轩轩、博博、乔乔、昕昕一起搭建一个大大的赛车道，我们一起进行赛车比赛。

我想和丁丁一起搭两个圆圆的赛车道，让小车从大门进去绕圆形赛道跑一圈再跑回去。

图2-6-1 游戏计划

　　游戏时间到了，丁丁、轩轩、博博几个人来到建构区，丁丁说："今天我们一起搭个赛车道吧。"轩轩、博博等人都说："好呀好呀！"丁丁拿来一些KT板铺在地上当赛道，博博也拿了一些KT板和丁丁一起铺赛道，他们两个将KT板连接铺平，不一会儿就铺好了一个弯弯曲曲的赛车道。轩轩和乔乔用纸盒、海绵积木等材料搭建了一个大门。赛车道搭好后，他们拿来小汽车在赛道上玩，由于KT板较轻，一碰就容易裂开，乔乔说："这样不行，小汽车在上面一跑，赛道就裂开了。"轩轩说："那咋办？怎么能不让它裂开呀？"昕昕说："让小车在上面慢慢跑，不能太用劲。"博博说："可以拿胶带粘上。"丁丁说："用胶带粘会把板子粘坏的，我们加上防护栏看能不能固定，有了防护栏小车就不会跑到赛道外面去了。"大家都表示同意，轩轩拿来一

些纸杯，丁丁和乔乔拿来一些木制积木，昕昕拿来一些纸盒，他们分工合作把材料摆在赛道两边当护栏，在大家的共同努力下防护栏很快就建好了，两边有了防护栏小车在赛道上更安全了，不会跑出去了，赛道也牢固了很多，不容易裂开了（图2-6-2）。

图2-6-2 加了防护栏的赛道

教师的思考：《3—6岁儿童学习与发展指南》中指出：4—5岁幼儿能按自己的想法进行游戏或其他活动。孩子们能根据自己的生活经验，选择搭建游戏主题，在搭建赛车道的过程中，他们能够分工合作，共同搭建。在搭建中，他们可以感受得到kt板易变形，易断裂的特性，大家积极商量想出添加护栏的解决办法。

（二）搭建高架桥

在第二次搭建之前，我带领孩子们观看了一些关于赛车道的图片，通过观看赛车道实物图，孩子们发现赛道不全是平面的，也有穿过高架桥、隧道、山坡的赛道。

第二次搭建游戏开始了，丁丁、昕昕、博博等几个人开始搭建赛车道，基于前面的搭建经验，这次他们很快就把赛道铺好了，还搭建了高

架桥。在搭建桥柱时，他们又遇到了难题。昕昕说："纸杯太软了，老是倒下来。"博博说："双排可以吗？"昕昕说："不行，两排挨不到一起。"两人不知所措，丁丁突然说："箱子里有很多方形的塑料盒，用塑料盒试一试看行不？"他们俩高兴地说："好，用塑料盒建桥柱，那样还结实。"两人拿来了很多盒子，丁丁也来帮忙，三个人开始搭桥柱，垒到一定高度时，他们开始将盒子层层递进成楼梯状，想让两边连接起来，尝试几次都失败了，丁丁说："这样不行，太重了，就是容易倒，我们用海绵积木试试吧！"昕昕说："哦！可以，我去拿。"在他们的尝试下，赛车道搭好了，他们迫不及待地拿小车去玩（图2-6-3）。

图2-6-3　带有高架桥的赛车道

教师的思考：由于搭建之前孩子们集体欣赏了很多赛车道的图片，对赛车道的结构有了大致的了解，因此本次搭建孩子们运用了平铺、围合、垒高、延长、架空等搭建技能，比第一次搭建在技能上有了很大的提高，他们能够合理利用空间，将赛车道搭建得很大。在搭建高架桥桥柱的时候，遇到了连接不上的问题，丁丁能主动给小朋友出主意，提供支持并合作一起完成高架桥的搭建，充分体现了《3—6岁儿童学习与发

展指南》中指出的："能主动发起活动或在活动中出主意、想办法。"敢于尝试有一定难度的活动和任务。"

（三）搭建停车场

总结了上次的搭建经验之后，丁丁他们几个又进行了第三次搭建。这次他们很快就用箱子、椅子、纸盒、积木、纸杯等搭建出了一个弯弯曲曲、高低起伏的完整赛车道。在拿赛车去玩的时候，突然，只听乔乔大声喊："我的头，谁压到我的头了。"我闻声赶紧跑过去把乔乔拉了起来，我说："你们这样取小车好吗？都压到小朋友了。"博博说："我们应该排队拿小车，不能挤。"我接着说："嗯！你们家的车都在哪里放着呢？爸爸妈妈开车带你们出去玩，车子会停在哪里？"轩轩说："我爸爸都是停在车位上。"丁丁高兴地说："哦！我知道了，我们应该搭个停车场，让小车都停到车位上，大家排队去取车。"昕昕说："对！我们在大门旁边搭个停车场。"（图2-6-4）大家异口同声地说："好！"就开始行动，大家拿来一些木制积木，丁丁和昕昕用长一点的积木搭建停车场的围墙，用小一点的积木搭建停车位，停车场搭建好了，他们把所有的小车都放到了车位上，然后排队取车（图2-6-5）。

图2-6-4　搭建停车场

图2-6-5　赛车道完整作品

教师的思考：经过几次搭建游戏之后，孩子们搭建赛车道的技能越来越熟练，取小车发生矛盾后，在老师的语言引导下能够积极想出搭建停车场的想法，游戏中孩子们能够针对一个主题，积极搭建自己有想法的部分，如：在赛车道上搭建高架桥、隧道、山洞等，最后呈现出一个完整的作品。

支持策略

（1）支持幼儿自主选择搭建主题。《3—6岁儿童学习与发展指南》指出："在保证安全的情况下，支持幼儿按自己的想法做事；或提供必要的条件，帮助他实现自己的想法。"当幼儿有了搭建赛车道的想法时，教师给予了积极的支持，鼓励幼儿按照自己的想法大胆进行搭建，在整个搭建游戏过程中孩子们一直保持着对这个活动的兴趣。

（2）提供环境、材料和知识的支持。为了给幼儿搭建游戏提供适合的建构游戏环境，教师将寝室的床和材料摆放做了合理调整，最大限度地为幼儿提供充足的场地，也给予足够的材料支持，为幼儿提供了纸杯、纸筒、纸盒、KT板制作的马路以及各种积木材料。在幼儿搭建过程中提出用箱子和椅子的时候，教师也给予了大力支持，供幼儿充分发挥创造力。第一次搭建赛车道，教师发现幼儿对赛车道的了解知识不够丰富，及时组织幼儿观看各种赛车道图片，丰富幼儿对赛车道的认识，提高幼儿搭建技能。

（3）明确定位自身角色。幼儿是游戏的主体，教师始终以一个观察者的身份在幼儿身旁，当他们在搭建赛道中遇到问题时，

不急于介入，跟随幼儿的想法，用语言支持。幼儿搭建赛车道的游戏还可以进行深入开展，下一步根据实际情况我将适时介入，引导幼儿开展一些角色游戏，既让幼儿最大限度获得自我发展又能最大限度获得自我挑战。

创意火车站

石嘴山市实验幼儿园　高榕

【案例背景】

十一小长假返园后，孩子们三五成群的窃窃私语："我妈妈带我去海上公园玩了。""我妈妈带我坐飞机去玩了。""我还坐过火车呢！""我妈妈也带我坐地铁了。"……游戏时间到了，洋洋、浩浩、昱昱、小小、大米相继来到了建构场地。洋洋说："咱们今天搭个什么呢？"昱昱说："搭个小房子吧！"其他几名幼儿没有回答，这时浩浩说："要不然咱们搭个火车站，我和妈妈坐火车去旅游，去过火车站，那里好大、好高，你们都坐过火车吗？"其他几名幼儿异口同声地回答坐过了，经过商议他们决定搭建一个火车站。

【游戏过程】

（一）搭建火车站的大门

小小找来了几个不同大小的积木，有长方体的、有半圆的、有长

111

短不一的，他们拿起长短不一的积木搭建好了火车站的地基，用长方体的积木垒高搭了高高的墙，又用几个圆柱形积木和一个半圆的积木搭建门。昱昱拿来了两块小积木立在地上做门，可小积木站不稳总是倒，大米急得皱起了眉头。洋洋说："别着急，看我的。"只见洋洋将两根圆柱形积木立在地上，搭了一个看似成功的大门，可是正当他们几个起身查看时，只听"哐当"一声，洋洋搭的大门倒塌了，孩子们垂头丧气地蹲在那儿。

我走过去装作不解的提出疑问："大门是怎么倒的呢？"有的孩子说是积木太薄了立不住，有的说是积木太轻了立不住。我又接着问："那怎样才能让这种薄而轻的积木站得稳呢？"小小抢着说："用其他积木把它围住，它被夹在中间就会站稳。"小小的话音刚落，洋洋就拿来了几个半圆形、圆柱体、长方体的积木，几个小伙伴用围合、垒高、平铺的方法，终于搭好了一个漂亮的大门（图2-7-1），我忙竖起大拇指表示夸赞，孩子们的脸上露出了喜悦的笑容。

图2-7-1　搭建火车站的大门

（二）搭建火车隧道

不远处，一鸣和航航已经搭建好了一座高架桥（图2-7-2），看起来很气派！小珂和宸宸也正在搭火车道，他们用拱形积木、四个一样长

短的长方体积木、几个半圆形的积木拼搭了两条长长的、窄窄的环形轨道（图2-7-3），一旁的浩浩看着他们搭的高架桥和火车道灵机一动说："小珂、宸宸、一鸣、航航我们把搭好的门和你们的火车道、高架桥连在一起变成一个大大的火车站，怎么样？"几个孩子点头表示同意。

图2-7-2　高架桥

图2-7-3　环形轨道

　　几个小伙伴合作把几块长方体的积木进行了完美的拼接，连成了一个漂亮又大气的火车站（图2-7-4）。孩子们正站在一边欣赏着，突然大米跑过来说："老师，火车要钻山洞、过大河，必须搭个隧道才能正常通行。"我故作好奇地问："火车道都搭好了，隧道加哪呀？"大米说："我们把上面搭火车道的积木先拿起来，再把要搭隧道的积木立在下面就好了。"我说："好吧！你们先试试看。"孩子们很快把原先火车道的积木一个一个拿起来，又找来长方形、三角形和半圆形积木，一个挨着一个地立起来架在火车道的下面，一条长长的隧道形成了，孩子们高兴得欢呼起来（图2-7-5）。

　　回班后，孩子们把游戏的过程用画笔记录了下来并和其他小朋友进

113

行了分享（图2-7-6）。

图2-7-4　火车站

图2-7-5　火车隧道

图2-7-6　游戏分享

教师的思考：游戏是幼儿的天性，伴随着幼儿的成长，没有游戏就没有发展。生活中美好的事物、现象、新鲜刺激的感受恰恰是幼儿最喜欢关注的。幼儿的创造性就是要利用生活中幼儿感兴趣的事，将幼儿已有的生活经验与自身的奇思妙想相融合，提升幼儿的创新意识，促进幼儿创造力的发展。幼儿从生活经验中获得了搭建火车站的创意灵感，将坐火车旅游看到的事迁移到建构游戏中，把一块块积木通过平铺、垒高、围合、架空、排列、连接、组合的方式搭建成了自己眼中的火车站。当幼儿搭建的门倒塌时，我以引导者的身份，假作不解的提出疑

问："大门究竟是什么原因倒的呢？怎样才能让这种薄而轻的积木站稳呢？"用我着急的表情和急于寻求答案的语气，激发幼儿积极思维和探究的欲望，幼儿想出了围、夹的办法建成了稳固的火车站大门。在游戏中，我始终给幼儿自由、自主的机会，让幼儿在轻松的氛围中带着问题，去思考、去尝试解决问题。

《幼儿园教师专业标准》中指出："重视环境和游戏对幼儿发展的独特作用，创设富有教育意义的环境氛围，将游戏作为幼儿的主要活动。"本次建构游戏我是组织幼儿在户外开展的，户外广阔的空间便于幼儿无拘无束的展开遐想，在与材料的互动操作中发挥自身潜能。如：当幼儿看到高架桥就想到从桥上下来就到了火车站，看到大门就想到火车站有火车道，想到把火车道和大门连起来，变成一个大的火车站，火车还要穿越隧道等。这一系列的联想，反映了孩子的创新意识在逐步增强，创造的欲望在不断萌发，潜质也随之表现出来了。

支持策略

（1）注重观察，激发幼儿的创新思维。幼儿是游戏的主人，教师要在幼儿游戏时注意观察，才能抓住教育的时机去鼓励幼儿。游戏中，教师注重观察幼儿的游戏行为，发现幼儿遇到无法解决的困难，用表情、着急的语气等激发幼儿积极思维，引发幼儿从观察中发现问题，寻求解决的办法。

（2）善用提问，激发幼儿的创造欲望。善用故作好奇的开放式提问能引起幼儿对问题的关注，引发幼儿探究的兴趣，激发幼儿的创造欲望。如"火车道都搭好了，隧道加到哪儿呀？怎么加呢？"幼儿从教师的语气、表情、语言中感觉到教师对他们的活

动很感兴趣，从而激发了他们的表现欲，拓展了他们的创新思路，创造欲望油然而生，创造力得到了进一步发展。

（3）有效介入，激发幼儿的创新能力。幼儿在游戏时，教师要适时有目的的介入，并抛出自己的问题，才能顺利推进幼儿游戏的发展。如：幼儿搭建的大门倒了，教师故作不解的样子，"怎样才能让薄而轻的积木站得稳呢？"其实孩子们更想成功，便会积极地思考，各自说出自己的想法，而教师的适时介入顺势引导激发幼儿在游戏中大胆想象，大胆实践，激发了幼儿的创新能力。

母鸡萝丝的鸡舍变形记

石嘴山市实验幼儿园　孙静

【案例背景】

建构游戏以其独特的魅力深受幼儿的喜爱。游戏材料是建构游戏开展的主要载体，不同的游戏材料对幼儿能力的发展有着不同的作用。一次餐前活动时，我给幼儿讲了《母鸡萝丝去散步》的绘本故事，随后就听到了幼儿之间的谈话："你知道吗，母鸡萝丝的鸡舍有15层呢！""哇，这么高！""一会儿区域游戏时我们一起搭建这个鸡舍吧！""好啊，今天我们一起来搭建！"

【游戏过程】

（一）鸡舍搭建初体验

几个孩子先后来到了建构区，他们早已商量好要一起合作搭建母鸡萝丝居住的鸡舍。母鸡萝丝的鸡舍看似构造有些复杂，其实是由多层围合而成的高层建筑，硕硕和沁沁一边商量选择要用什么材料，一边在尝试搭建着，"我们先用纸杯搭鸡舍试试吧。"（图2-8-1）两个

人首先尝试选择用纸杯搭建鸡舍底层，过了一会儿，硕硕发现用纸杯做支撑太轻，不够稳固，说"纸杯太小太轻，我们用大箱子做底座试试！""嗯，下面用箱子，上面再用纸杯。"沁沁附和道。就这样尝试了几种材料搭建之后，他们决定用大纸箱做底层支撑，然后用纸杯和牛奶罐搭建上面多层鸡舍。底层和四周都搭好了，硕硕找来一张长长的纸板用来搭建鸡舍的顶部，纸板有些大，孩子们不断尝试各种方式，最后将纸板调转方向、折叠起来盖在鸡舍顶部，鸡舍终于搭好了！由于支撑鸡舍顶部的纸板不够硬实，鸡舍整体慢慢塌陷了下去，母鸡萝丝的鸡舍第一次搭建就在遗憾中结束了（图2-8-2）。

在游戏回顾环节，孩子们讨论着鸡舍房顶倒塌的原因是由于纸板这种材料不够硬，于是他们提出是否能用木板搭建鸡舍的房顶。

图2-8-1　第一次投放的材料　　　　图2-8-2　鸡舍塌了

（二）鸡舍搭建成功

第二次游戏开始了，陶陶和辰辰也加入了鸡舍搭建的游戏中。硕硕说："今天我们用木板搭建屋顶吧！""嗯，木板结实、够硬。"陶陶说。说干就干，四个人一起拿来木板开始搭建。总结了上次纸板容易塌陷的不足，这一次他们改用木板来搭鸡舍屋顶。"可是木板不够长

啊？"沁沁说。"那怎么办呢？快想想办法！"辰辰嘟囔着。硕硕试了几次，"能不能把外墙往里收拢一些，这样木板的长度就够了。"这次鸡舍终于搭建成功了，而且还稳固了许多。孩子们接着搬来了小纸箱将他们垒高放到鸡舍前面，给鸡舍搭建了台阶，这次搭建明显比上一次游戏顺利许多（图2-8-3、图2-8-4）。

图2-8-3　第二次投放的材料　　　　图2-8-4　鸡舍搭建成功

（三）加高的鸡舍

又一次区域活动开始了，硕硕和沁沁迫不及待地来到材料区，沁沁抱着小纸箱走向硕硕，"我们今天用纸箱搭建鸡舍的外墙吧？""可以啊！"于是，他俩根据前两次的经验，很快就搭好了鸡舍，还用纸箱搭建了鸡舍的围墙。正当他们沉浸在搭建的喜悦之中时，文文从鸡舍旁走过，说道："你们的鸡舍也太低了吧。"听他这么一说，两人抬头看着鸡舍，似乎默认了文文的观点，于是跑过来问我："老师，你觉得鸡舍低吗？""你们觉得母鸡萝丝住进去会不会觉得低呢？"等我再次回头看时，他们已经开始重新选材，用薯片桶将搭建的鸡舍加高了（图2-8-5、图2-8-6）。

图2-8-5　第三次投放的材料

图2-8-6　加高的鸡舍

教师的思考：区域材料是建构游戏的重要组成部分，有了材料，才能引发幼儿游戏的兴趣和愿望。在幼儿游戏的过程中，游戏材料的投放并非一次性完成，此次母鸡萝丝的鸡舍搭建中的游戏材料就是结合每一次游戏时，教师观察幼儿对材料的使用情况和游戏后幼儿对游戏情况的回顾分享，从而对游戏材料进行调整，再次投放到下一次的游戏中。幼儿第一次游戏时，教师投放了大量丰富的材料，幼儿对鸡舍搭建表现出了浓厚的兴趣，选择用纸板搭建鸡舍屋顶，但由于纸板材料的稳定性不够，不足以支撑鸡舍的架空搭建，因而在搭建中发生鸡舍坍塌的现象。

第一次游戏后，幼儿发现了稳定性更强的木板，他们认为木板比纸板更适宜于高层架空搭建。于是在每一次的游戏结束后，教师都将搭建材料进行调整后投放，撤去许多大纸板、奶粉桶、牛奶罐，投放了大量纸杯、木板、薯片筒、插片积木和辅助材料。在第二次搭建中，幼儿在游戏中感受到了木板比纸板硬，更易承重，加深了对软硬材料的认知；在第三次游戏时，幼儿不仅选择合适的搭建材料，如用稳固的纸盒做底层、木板加固，通过用薯片筒架空，提高鸡舍内部空间，也不断促进幼儿搭建技能的发展。

支持策略

（1）追随幼儿对游戏材料的需求。通过观察、倾听幼儿的游戏过程，及时发现游戏中材料投放的问题并解决，大大提高了幼儿建构游戏活动的有效性，推动了游戏的顺利进行。

（2）在持续搭建过程中提高幼儿解决问题的能力。结合《母鸡萝丝去散步》绘本故事，支持幼儿将创编故事在建构游戏中进一步延伸。通过三次搭建游戏，引导幼儿在游戏过程中自主发现存在的现实问题，提出疑问，引发讨论，为幼儿提供充分的时间与机会去探索、发现，最终得出解决的搭建方案。

我们的超市

石嘴山市实验幼儿园　赵研

【案例背景】

孩子们在主题活动"探访社区"里了解到了很多家庭或是幼儿园周边的环境，所以对社区的各种场所有着很大的兴趣。

"我家门口有一家花店，每天从那经过的时候都闻到特别的香。"

"我家门口有一家超市，我最喜欢超市，那里有好多好吃的，妈妈经常会带我去那里买好吃的。"

"我家不远处有一个消防队，每天我都能看到好多的消防车。"

"幼儿园的旁边有个公园，我每天放学都会去那玩会儿。"

…………

于是，孩子们一致决定搭建社区里自己喜欢的超市，孩子们的游戏就这样开始了。

【游戏过程】

（一）时间不够用

在第一次搭建的过程中，泽语跟他的好朋友曦曦站在积木柜旁边待了很久，别人都把积木拿得差不多了，他们俩才去拿了一些的小型的三角形、长方形和圆柱体积木。积木拿好后他们找了一块空地，三个孩子窃窃私语，商量着怎么搭建超市（图2-9-1）。他们把很多小正方形的积木搭在一起，可是没过多久他们又拆掉了，就这样他们一直搭了拆、拆了搭，直到游戏快要结束的时候他们才搭建出来了一个框架（图2-9-2）。

图2-9-1　讨论搭什么

图2-9-2　超市框架

游戏结束时间到，该收积木了，所有孩子都收积木站队的时候，泽语一直蹲在刚才搭积木的地方不动。我忙过去问："你怎么了？"

泽语："我们都没有搭完，就要收积木了，时间太少了。"边说边开始伤心地哭了起来。

我说："那回班后，你们可以想一想刚才搭建的时候哪里用的时间最多，下次可以怎么做。这样下次搭建的时候你们不就能多出来一点时间了吗？"泽语听完后点点头，和其他小朋友站队回了班。

在快要吃午饭的时候，泽语过来对我说："小赵老师，我觉得我们刚开始搭积木的时候没想好，拆了好几次，等我们想好的时候，时间就到了，下次我们去搭建的时候可以带上计划表吗？"

我及时肯定地说："嗯，当然可以，你们下次可以提前做好计划再试试。"

教师的思考：在游戏过程中，我始终以观察者的身份来陪伴孩子，没有打扰孩子。在游戏结束后，我第一时间发现了泽语的情绪变化。在与泽语的交谈中，我并没有直接指出有可能导致时间不够的原因，而是把问题和时间留给孩子们，多一些耐心等待孩子的发现，从而让孩子们自己进行反思。老师只要当好一个观察者、倾听者即可，不必干涉孩子们的探索与思考。

（二）只有货架的超市

孩子们想到解决办法后，泽语和她的好朋友们在游戏开始前做了游戏计划（图2-9-3）。他们画出了超市的货架，在货架上有各种各样的物品。

做好计划后，孩子们就开始户外搭建了。这次泽语和曦曦在游戏一开始的时候就分好了工：泽语负责搭建，曦曦负责找需要的各种形状的积木。经过一段时间的搭建后，一座货架就完成了（图2-9-4）。泽语迫不及待地给我介绍他们的货架，最高一层放的是抹脸油，因为妈妈的化妆品都是装在瓶子里的；第二层放的是洗衣粉，一块块正方形的小积木就像是装在袋子里的洗衣粉；最下面的什么形状都有的积木是零食。

图2-9-3 游戏计划

图2-9-4 超市里的货架

不一会儿，泽语又来跟我说："小赵老师，沉沉跟乾辉他们总是笑我们搭的东西。"我问："他们为什么笑呢？你可以去问问他们呀！"于是，泽语追着沉沉问原因去了。沉沉说："你们的货架是摆在大街上的，到时候小偷就偷走了。而且你们都没有收银台，怎么付钱呀？"泽语他们几个听到后也大笑说："哈哈，就是的，我们怎么都忘记还要有收银台了。可是我们的货架都没有搭完，没有时间搭其他的。"沉沉听到后说："我们可以来帮忙呀，我们一起搭一个超级大的超市怎么样？"泽语高兴地说："那你们赶紧在去拿点积木去吧，我们一起搭！"

教师的思考：在这次的游戏进行中，我发现有了游戏计划后，孩子们的目标性更强了，大大地减少了犹豫不决的时间，从而有了更多的游戏搭建时间。但是，我发现孩子们首次搭建只是超市的局部——货架，孩子们抓住了超市的主要特点后就忽略了其他的特征。作为游戏的观察者、倾听者，我在发现问题后没有直接去介入孩子，而是给孩子们足够的时间，让他们自己发现问题。当更多的孩子参与到游戏中时，每个孩子都有很多"金点子"。在游戏中，泽语在听到其他孩子们的建议后，发现了问题并且愿意采纳他人的建议，孩子们之间的相互合作配合让此次搭建游戏变得更加的完整。

（三）超市搭好了，可是货架倒塌了

这一次，他们拿了很多的积木铺在了地上，并在铺好的积木周围又围了一个两层的围栏（图2-9-5）。当超市的地基搭好后，沉沉就开始在超市的中间搭起收银台，其他小朋友就开始搭里面的货架以及商品了。在搭建的过程中，我听到泽语说："你的收银台搭在这里，我都没法搭货架了，我去超市的时候看到的收银台都是在超市门口的，不是在中间的。"沉沉听到后停了下来看了看说："好吧，那我重新搭一个吧。"于是，他在超市的一个角落里又重新搭建了一个收银台。

在搭了一会儿后，就开始有小朋友过来告状了："老师，小朋友总是碰倒我的积木。""老师，我搭的超市的围墙也被碰倒了。"我看到后对他们说："那你有没有提醒小朋友路过超市的时候要小心一些？"泽语说："超市太小了，里面搭东西的人太多了，我们一站起来找积木的时候就碰倒了，我们不是故意的。"（图2-9-6）我问："那怎么办呢？你们一起商量一下，看看有没有解决的好办法？"几个小脑袋凑在一起开始讨论："我们可以把超市再扩大一些。""我最喜欢搭马路，我可以在超市门口搭一个大马路吗？""那我要搭一个城堡游乐园，把它们连接起来，买了好吃的出来可以到游乐园玩。"……

图2-9-5 给超市搭围栏

图2-9-6 我们都挤在小小的超市里

教师的思考： 在这次搭建中，我看到了孩子们在搭建时的分工合作，有拿积木的，有专门负责搭建超市围栏的，有专门负责搭建超市里面的商品货架的，并且在搭建过程中，孩子们与生活经验相结合，提出了平时见到的超市收银台都是在门口的。孩子们又一次发现的新问题：搭好的积木容易被碰倒、超市太小、搭建的人太多等。这次，我依然将问题抛给孩子们，让孩子们尝试自己解决，给孩子们充分探索的空间。

（四）扩建大超市

讨论结束后，孩子们又一次投入到了紧锣密鼓的搭建游戏中。这次他们对搭建的超市进行了新的调整，两层的围栏变成了一层，超市也比之前扩大了一倍。可是，在搭建地基的时候，孩子们发现搭建地基的积木不够了。这时，浩浩说："那我们就不用了。这块没有积木的地方就是休息区。"沉沉听到后对他们说："那得给我留点，我搭收银台还需要一点呢。"孩子们开始忙碌起来，有的在外面铺马路，有的在很远的地方搭城堡（图2-9-7）。

搭建完成后，孩子们回到班里分享搭建故事。在分享中，我发现孩子们还想到了在超市里搭一个休息的区域，并且这个休息的地方还有玩具城堡，这样小朋友们就可以在超市玩具城堡里等爸爸妈妈。我发现超市门口搭了很多的马路，孩子们告诉我这是一个迷宫，只有成功经过这个迷宫的人，才能到后面的游乐园里去玩（图2-9-8）。

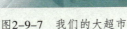
图2-9-7　我们的大超市　　　　　　　　图2-9-8　超市门前的迷宫

教师的思考：在所有问题与困惑解决后，孩子们对游戏材料和人员进行了新的调整。孩子们看到自己作品时的喜悦也深深地触动到了我。通过此次游戏，我发现只要给孩子足够的时间与机会，孩子们的能量真的是超出我们的预想。在搭建分享环节，通过孩子们的讲述，我发现这不仅锻炼了孩子们的语言表达能力，并且在讲述中听到了很多我们眼睛看不到的东西。在这个分享的过程中，孩子享受成功的小表情、小语调也非常的有趣，这也让我认识到游戏结束时的分享是非常有必要的。

支持策略

（1）营造自主开放的游戏环境。在建构游戏中，作为教师，要为幼儿营造开放式游戏环境，敏锐地观察每个幼儿在游戏中的点滴变化，了解他们的兴趣点与游戏需要，科学合理地介入、支持幼儿游戏，通过提问、讨论、相互交流等方式，促进幼儿养成积极的思维方式，帮助幼儿提高解决问题的能力。

（2）把游戏还给幼儿。学前教育阶段重点应该培养幼儿的兴趣，以游戏化、生活化的形式开展活动。为了使幼儿保持高度的游戏热情，无论何时，教师都应该实现幼儿"玩中学、学中玩"的教育理念，通过游戏前的计划，游戏中的观察、支持和游戏后的分享，以儿童为中心展开，才能培养和锻炼幼儿的思维创新能力，促进建构游戏的有效开展。

秋天的超市

石嘴山市实验幼儿园　郭筱瑜

【案例背景】

秋风起，树叶黄，农民伯伯种粮忙。

十里稻香出新米，玉米成熟满地黄。

糖炒栗子甜又大，烘烤红薯软又香。

秋风一吹蟹脚痒，品蟹记得配生姜。

秋天田园多美味，大人小孩喜洋洋。

朗朗上口的儿歌，孩子们在语言活动上一遍一遍地读着，越读越感兴趣，越读越馋玉米、烤红薯、螃蟹这些秋天的美味。下午区域活动时，美工区的孩子们就用黏土捏了各种各样的美食（图2-10-1、图2-10-2）。建构区的孩子们看到了，说："老师，我真想把这些玉米烤了吃。""那烤玉米需要什么呢？"我问到。"需要烤炉！"孩子们异口同声地说道，就这样，搭建烤炉的游戏开始了……

图2-10-1 幼儿绘制秋天的螃蟹

图2-10-2 幼儿用轻黏土制作的美食

【游戏过程】

（一）第一次搭建

搭建之前，孩子们先设计绘画了烤炉的样式（图2-10-3），然后他们选用拼插小棒，开始拼插一个一个的正方体，最后把几个正方体连接到一起就变着了一个简易的烧烤炉（图2-10-4），接着，他们把穿成串的玉米放在上面玩起了烤玉米的游戏（图2-10-5）。

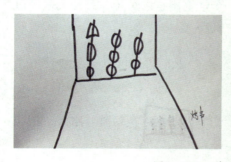

图2-10-3 幼儿设计的烧烤炉

图2-10-4 幼儿搭建简易烧烤炉

图2-10-5 幼儿玩
烧烤游戏

活动结束后，孩子们久久沉浸在游戏中，你一句我一句分享着游戏的快乐，浩浩说："我刚才用拼插小棒搭建的炉子，你们看到了吗？它跟真正的炉子一样，还可以调节大小。"小禾说："我看见了，我上次就是用拼插小棒搭建的烤鱼炉子，小棒还可以拼成鱼的形状，玩烤鱼的游戏！"最后，我问道："孩子们，今天小朋友探索了拼插小棒的新玩法，还用它做成了烤炉，那下次的建构游戏你们想怎么玩？"

小倪："老师，我想用纸箱搭一个炒毛栗子的炉子，我在我家门口的水果店见过。"

王尊："我也想和小倪一起搭，搭好了，我们可以一个炒，一个卖。"

星星："我们搭个秋天的超市吧，里面还可以卖螃蟹、水果，把我们在美工区做的美食都放到超市里。"

"好，好，好，我同意。"孩子们兴奋地肯定着星星的想法。

教师的思考：

（1）从幼儿的角度进行分析。一是本次搭建游戏的主题不是教师既定的，是幼儿在集体活动中感兴趣的点和已有的生活经验中生成的搭

建主题。幼儿能够将美工区与建构区巧妙的结合，进行游戏，说明幼儿已初步具备设计游戏的能力，并能够通过讨论、合作完成自己的搭建目标，符合中班幼儿的游戏水平。二是幼儿会做初步的计划表达游戏意图，说明幼儿在游戏前有一定的计划性。三是幼儿在选择搭建烤炉的材料上有自己的想法：使用拼插小棒。经游戏实践证明，拼插小棒拼搭出来的"烤炉"确实很"像"，很好操作"烤玉米"，说明幼儿对班级材料很熟悉，了解不同材料的功能，在拼搭不同主题的建构作品时，很快就能找出合适的材料。

（2）从教师的角度进行分析。从游戏的生成到游戏的开展，老师没有用主观的干预幼儿的意愿，一直都是"老师跟着幼儿走"的模式，为幼儿创设了宽松的心理环境。

（二）第二次搭建

游戏前幼儿依然习惯于先做游戏计划，建构区的小朋友按着第一次活动后的讨论设计了今天的搭建设计图（图2-10-6）。

图2-10-6　幼儿的搭建设计图

画好设计图，孩子们开始"施工了"。嘉翊、子赫、子萌、浩浩为一组，拿了许多大大小小的纸箱围合搭建成超市的围墙，用长方形积木、纸杯通过架空的方式搭建成超市的展架，还拿拼插小棒拼搭了给顾

客坐的小椅子,最后把美工区展柜里的"美食"都拿来,一一陈列在搭建好的展架上,这样超市就初具模型了(图2-10-7)。超市初具模型后,有小朋友提出:"超市还要有些装饰。"于是他们又拿软体积木拼了几个造型摆在超市的不同地方当装饰。

另一边的小倪和王尊在已经搭建好的"超市"出口处,用软体积木、长方形木质积木和纸杯搭建炒毛栗子的炉子,起初他们搭建的是一个简易版的炉子,用积木围合成一个大盒子似的炉子,这时小倪说:"我觉得这样不方便,我见外面的炒炉,东西炒熟后要放到没有火的地方去,这样才好拿出来。"听了小倪的建议,两个小伙伴左看看、右看看,最终决定用木质积木垒高,做成一个有坡度的炒炉,食物炒熟后他们用长筷子将食物夹出来。就这样,他俩反复调整,不断丰富材料,最后搭建了一个满意的炒炉(图2-10-8)。

图2-10-7 幼儿搭建成的超市　　　　图2-10-8 幼儿搭建的炒炉

超市建成了,烤玉米的炉子有了、炒栗子的炉子也有了,建构区的几个小朋友又精心地将各个商品重新调整,摆放到合适的位置,以方便招待顾客。秋天的超市在孩子们齐心协力、不断调整下"竣工"了(图2-10-9),接下来他们开始邀请别的区域的小朋友来光顾他们的超市。

图2-10-9 竣工的超市

教师的思考：

（1）从幼儿角度分析。一是幼儿能够在第二次游戏前根据第一次游戏回顾做计划，在有新发现后能及时制订新的游戏计划，会用较长的时间商量、实践操作、反复验证、调整。二是在游戏中能够主动帮助同伴或邀请同伴一起解决材料问题，通过对材料特征的认识、重组来解决搭建中的问题。三是幼儿能够在"工程"完成后再次调整商品摆放的位置，说明幼儿具有一定生活经验，知道客人需要什么，怎样摆放更方便。

（2）从教师角度分析。站在儿童的立场，回顾这场关于"超市"的主题建构游戏，我们发现幼儿在这些活动中展现出来了无限的创意，而这些了不起的创意都来源于幼儿对生活的思考，以及离不开老师的鼓励与支持，而"秋天的超市"是一个微社会，它的建成也恰恰印证了幼儿将探访社区这一主题活动中探索到的经验运用到了游戏中。幼儿的游戏经验来源于生活，所以游戏主题的选择绝不是教师一人可以预设的，要在实际教育活动中观察幼儿、启发幼儿，从而生成适合幼儿现阶段游戏水平的主题。在建构游戏中，幼儿能够大胆地使用不同的材料，从初步搭建一个炒炉到最后在大家的共同商谈、分工合作后，完成了"秋天

135

的超市"这个大工程，由此可见，宽松的建构环境、和谐的师幼、幼幼关系是成功的首要因素，幼儿在整个游戏过程中，自主的选择材料，与同伴大胆的设想、尝试，这正是幼儿应具备的学习品质。

支持策略

（1）尊重幼儿对游戏的需求。在游戏中幼儿出现了新的计划，原计划的游戏水平已不能满足他们的需求，教师尊重他们的游戏进程，这能够大大满足幼儿内心对游戏理想化的需求。

（2）采用合理的方式支持幼儿开展游戏。在游戏中，教师采用提问的方式来启发幼儿思考，把游戏的自主权交给幼儿，引导他们从游戏中找出问题，通过共同商谈找出解决问题的办法。

（3）追随幼儿的游戏兴趣，引发深度学习。幼儿兴趣生成任务—任务引发探究—探究形成经验—经验外显表征—建构关键经验。由内到外多元表征，也是一种完整的学习过程。幼儿在游戏中不断发现问题、提出问题、解决问题，是一种螺旋式上升的探究性学习，是教师发现并能给予支持的幼儿有意义的学习。

"船"动我心

石嘴山市实验幼儿园　陈静

【案例背景】

　　一次区域自主游戏时，珈玮几人搭的"海盗船"受到班中幼儿的关注和喜爱。在回顾分享环节，幼儿纷纷交流讨论自己见过、坐（玩）过的船是什么样子的，并跃跃欲试地开始设计自己想象的船（图2-11-1）。班级里掀起了搭建"船"的热潮，不管是在室内还是室外，都有孩子们搭建船的身影。

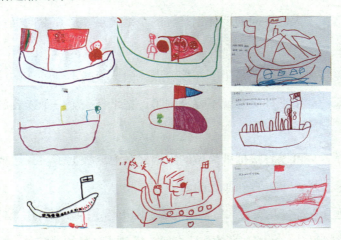

图2-11-1　幼儿设计的船

——基于儿童立场的建构游戏案例

【游戏过程】

（一）室内搭建：不断尝试，逐步改进

幼儿用纸板、纸杯和泡沫板来搭建船。对于怎样搭船，用什么材料，幼儿进行了简单的讨论。

唯远："我们先用泡沫板围成船的样子。"

昊宸："纸板也行吧，也可以立起来围成船的样子。"

唯远："纸板立不住，会倒的。"

梓鸣："用泡沫积木不会倒。"

昊宸："我把纸杯放在纸板旁边挡着就不会倒了。"

唯远几人按照计划很快就用立起来的泡沫板围出船的外形，将纸板铺在里面做船的甲板，又用纸杯、纸筒搭船上的大炮。这时出现了问题：搭好的泡沫板不时有倒的，用纸杯和纸筒搭的大炮也不稳，总是倒。扶了几次后，孩子都快没耐心了，不愿意去扶了，孩子搭建的热情也减少了。我启发他们想一想："为什么会容易倒？"

昊宸："泡沫板太轻了，我们走过的时候就有倒的。"

文皓："大炮下面的纸杯也是轻的，纸筒重，搭在上面也容易倒，还滚下来。"

昊宸："我觉得还是用纸杯挡着点，泡沫板就不倒了。"

唯远："用纸杯靠着就不容易倒了，把纸杯一个一个挨着放还能当甲板。"

嘉泽："可以直接把纸筒做的大炮架在泡沫板上了。我把纸筒立起来搭一个高塔，可以看外面远的地方。"

唯远几人经过几次尝试后，用泡沫板围出船了的外形，用纸杯、纸筒等多种材料组合，运用垒高的方法在船头搭建了高高的驾驶台，将纸筒立

138

起来搭上泡沫板，使船更有立体感。珈玮和羽汐边商量边尝试着用纸杯、纸板和几何体积木搭建出了"双层船"（图2-11-2）；嘉泽和文皓用泡沫板和纸杯等搭建了有货仓的"运货船"（图2-11-3）。幼儿在一次次的搭建尝试中，无论是对船的认知还是搭建的技能都在逐步的提高。

图2-11-2 双层船

图2-11-3 运货船

（二）户外搭建：边玩边搭，快乐加倍

户外活动时，幼儿搭建船的兴趣依然高涨，他们尝试用各种材料继续搭建船。唯远和昊宸两个好朋友很快用一些长条形的材料围成了船的样子，将软垫铺在里面当船的甲板，用几个滚筒做大炮，唯远和昊宸坐在前面驾驶着船。唯远想起还没有船头，就将一张软垫折成尖角立在最前面。但是，昊宸认为这样的话驾驶员就看不到前面了，唯远想了想就拿掉了立在前面的软垫，找了一圈拿来几个钻圈放在最前面，并试着驾驶起来，他很满意。在第二天户外活动时，唯远和好朋友们又一次搭建起船来。这次他们分工合作，在唯远的指挥下很快就搭建出一艘船来，这艘船有驾驶位置、窗户、救生圈等。他们的船吸引了不少小朋友，于是，他们邀请大家上船，被邀请的孩子们高兴极了。可是，由于船的空间小，还有的孩子没能上船。于是，孩子们提出一起合作搭一艘可以让

所有人坐的船，又一次搭建开始了，孩子们边搭边讨论、

舒雅："船这边太低了，水要进来了，要再放一层。"

诗羽："这样的没有了，用那个大垫子吧。"

颖悦："不行，大垫子太宽了，和前面的不一样了。我还要用它当小动物的座位和床呢。"

紫芊："可以把这个圆的放在船的外面做救生圈。"

珈玮："把滚筒拿进来当大炮，我进去当开炮的。"

教师："海浪来了，海水会不会从船头这进来？"

昊宸："那就拿东西把这挡住就行了。"

教师："拿什么来挡呀？还要开船呢。"

昊宸："现在没材料了。"

见孩子们讨论不下去了，我引导到："你们再找找看，看还有什么其他合适的材料？"昊宸拿来几个钻圈摆放到船的前面。最后，在孩子们的合作下，一艘可以让全班小朋友乘坐的大船建成了！

一次次的游戏中，孩子们都在认真搭建着。细看每一次场地上孩子们的搭建游戏，我发现男孩和女孩自发分组，他们搭建的"船"各有不同，船上发生的"故事"也不同（图2-11-4）。就这样，"我们的船"的故事一直持续不断。

图2-11-4 我们的船

　　教师的思考：本次自主游戏活动是升入中班后幼儿持续时间较长的一次主题搭建游戏。幼儿搭建的技能和对材料的使用都较小班时丰富了，也逐步能与同伴进行合作游戏，游戏中遇到问题能大胆提出自己不同的观点和看法并与同伴协商解决。从搭建作品看，更立体、更形象、更丰富。在本次搭建船的活动中，一次次的搭建使幼儿对于船的形象越来越立体，关注点也逐渐从整体到部分，对船的了解也更加深入，搭建活动也逐步趋向游戏性。在活动的这段时间里，由于时间、空间、材料的变换，给幼儿带来不同的探索、学习体验和挑战。

　　（1）自定游戏主题，幼儿的活动兴趣、积极性更高。中班幼儿游戏的目标性、计划性在不断提升，有着自己的想法和看法，能坚持在不断的探索中实现目标计划。案例中，唯远、珈玮等这些男孩是本次主题

活动中的"领军人物"。在搭建活动中，他们与自己的同伴不断交流、协商、分享学习，对搭建中一次次出现的问题，能够积极通过观察、反思、尝试等方式找到解决问题的办法，体现出不怕困难、坚持、合作的学习品质。同时，也为其他同伴的搭建提供了模仿、借鉴的机会。

（2）自然分组，自主结伴。幼儿与关系要好、经常玩耍的同伴组合，这样的小组交流、沟通更易达到统一，喜好、兴趣容易一致。这次的活动男孩的参与度和兴趣明显高于女孩，表现在搭建中的耐心、持续性等方面，而女孩活动中的角色游戏性更强，这与男孩、女孩的思维特点和兴趣爱好有着直接关系。

（3）多变的空间、多样的材料支持幼儿游戏的丰富性。案例中，不同场地和材料使得幼儿每一次的游戏都有不同，幼儿在游戏中的学习和体验也不同，不同的材料激发出幼儿对主题搭建的不同想法和认知，使幼儿的活动更加丰富和具体。

（4）活动中存在的问题有：①游戏时间不充足，幼儿的探索、实践会被中断，影响幼儿的学习体验。②游戏材料对幼儿的搭建技能和游戏兴趣有一定的影响。室内材料比较轻、小、稳定性差，不利于幼儿进行围合、垒高等，搭建过程中出成品慢且容易倒塌；户外游戏材料杂而零散，影响幼儿整体性的搭建造型。③教师在每一次的游戏活动后没有引导幼儿进行及时的回顾分享、反思与评价，这些都不利于幼儿及时对游戏进行梳理、总结、反思，妨碍提升幼儿的游戏经验，不能满足幼儿的学习体验。④教师对游戏的观察还不够充分。在幼儿的分组游戏中关注点始终在个别组，对其他组观察少，对其他幼儿的需求等支持不到位。

支持策略

（1）通过视频、图片进一步丰富和拓展幼儿对各种船的认知。引导幼儿展开讨论：如何搭建出不同船的造型？船上的组成部分怎样搭建？通过问题激发幼儿的思考和游戏兴趣，进而提高幼儿的搭建技能。

（2）及时带领幼儿对本阶段游戏进行总结与反思，并对自己的游戏进行评判。通过游戏后的回顾分享并进行表征，引导幼儿相互学习，发现自己或同伴的好经验，共同解决搭建游戏中遇到的问题。

（3）与幼儿讨论并对游戏材料进行拓展，让幼儿在与更加丰富的材料的互动中进一步提升搭建技能和水平。

（4）将现场观察与镜头观察结合，捕捉更多幼儿游戏行为表现，便于细致观察和全面分析，为幼儿游戏提供"最好的支持"。

七

大班

建构游戏

我心中的小学

石嘴山市实验幼儿园　杨丽

【案例背景】

随着毕业季的脚步越来越近，大班的幼儿即将告别幼儿园进入小学，小学是什么样子的呢？他们满怀着憧憬和期待。六月份结合幼小衔接工作我们开展了"走进小学'幼'见美好"参观小学主题活动，激发了孩子们对小学的向往，孩子们通过"话、画"小学活动，直接感知、亲身体验，对于学校校门、教学楼、操场等大概结构有了直观、具象的感知力，同时萌发了搭建一所自己心目中的小学的想法。于是我们跟随孩子的脚步，开启了"我心中的小学"的搭建之旅。

【游戏过程】

第一次搭建小学

在建构活动开始前，孩子们先坐在一起讨论，要怎样设计这所小学，才会吸引更多的小朋友。经过一番热火朝天的讨论，最终制订好了搭建计划，接下来，孩子们有序、快速地进行了分工，并很快各自进入了状态，开始搭建。

一诺用长方体薄积木搭建学校围墙，用一块小拱形积木作为学校

的大门，思琪说："哈哈，这个门也太小了吧，我们的墙都比这个门高。"当孩子们发现这一问题后，便把"小门"拆了，重新搭建大门。安安竖起两根长方体积木做门两边的门柱，再用一块长方体积木进行盖顶，将小长方体积木横向立起做学校的围墙。此时，芃芃跪爬过"校门"发现校门刚好能够通过一个人，可是脚稍微一碰就把门碰倒了，孩子们便重新开始搭建，但当人进去的时候门还是倒塌了。

为什么花费了那么长的时间搭建出来的校门却一碰就倒呢？孩子们根据他们的第一次搭建进行了讨论。

思琪："我们在做计划的时候没有做好规划，场地很大，却都挤在了一块搭建，所以搭建起来很拥挤。"

师："除了场地的问题，你们还发现什么其他原因让你们搭的校门倒了呢？"

芃芃："独立竖起来的长方体不稳定，轻轻一碰就倒了。"

师："那你们有什么好办法解决呢？"

一诺："我们可以把学校搭的大一点，或者到户外去搭，我们也可以用户外的大的厚积木，就不容易倒了。"

一诺的想法得到了其他人的赞同，在大家的努力下，小学搭建完成（图3-1-1）。

图3-1-1 第一次搭建的小学

第二次搭建小学

再一次的搭建中，孩子们在门柱底端两边分别用小长方体厚积木进行加固，并将加固层垒高至两层。接下来孩子们将长方体积木横向连接做小学的围墙，并对围墙进行垒高，有的孩子用长方体的积木进行垒高，有的孩子用同等数量的小正方体积木进行垒高，使墙面整体高度保持一致，当一诺和安安的围墙从相反的方向相遇时出现了一个小空隙，一诺拿一块小积木横向放到空隙上，并在横向积木上又竖起了一块积木，又用较小的正方体进行墙面的垒高。

安安："我们还要搭建厕所。"说着就拿起两块小正方体积木立起来，拿同样大小的积木做盖顶，可是小积木总是往里掉，于是，他又拿了一块，放在厕所围墙的中间，用手比了一下，发现正方体小积木太小，于是找来一块长方体积木当作盖顶。

一诺："这好像不是厕所，这是写字的地方。"

安安："这就是厕所，你看，这是女厕所，这是男厕所。"他说话的同时将两块小积木立起来，厕所就搭好了，但一诺依旧不同意这是厕所。其他小朋友则对围墙进行了垒高和更加美观的设计，有的用短圆柱体增加围墙的高度，有用小半圆体进行墙面弧度设计，有的小朋友则对空间区域进行分割，使整个学校的建筑更丰富更美观（图3-1-2）。

在回顾分享时，我把观察到的安安和一诺争执的"厕所"问题提了出来："一诺，你为什么觉得安安搭的不是厕所呢？"

一诺："我参观小学的时候看到小学的厕所不是在教室里的，是在班级外面的。"

"你观察得很仔细。安安，你是怎么想的呢？"我接着问。

安安："老师，我们在幼儿园里可以随时上厕所，所以我想在小学

的教室里也搭上了厕所。而且，小学里的厕所男生和女生是分开的。"

"安安小朋友想得很周到，也观察到小学里的厕所和幼儿园里的厕所不一样，下次搭建的时候，你愿意和一诺一起再把厕所的位置调整一下吗？"两个孩子都点点头表示同意。

图3-1-2　第二次搭建的小学

教师的思考：要珍惜游戏和生活的独特价值，最大限度地支持和满足幼儿通过直接感知、实际操作和亲身体验获取经验。此次建构活动，正值幼儿参观小学归来，符合幼儿当前的经验和兴趣，幼儿对于本次建构活动表现出了很高的热情和积极性。在游戏中，幼儿在发现问题、解决问题的过程中获得了解决问题能力、交往合作能力和建构能力的发展，如：在设计图纸时，幼儿能根据主题内容互相协商，已有一定的计划性；在材料的选择上，能够用目测的方法选择积木的长短、厚薄、大小等；在搭建的过程中，使用"连接""盖顶""组合""排列""堆积""垒高""平铺""对称""延长"等多种建构技能；在遇到问题时，幼儿能充分发表自己的想法，也表现出了不放弃、不气馁、团结协作、敢想敢干的学习品质，以及心中对小学的美好向往。

支持策略

（1）提供合适的游戏环境和材料。游戏从开始在教室里转移到了户外操场，教师为幼儿提供了建构的最佳场所，让幼儿可以在合作探究中建构他们的设想。在材料的使用上，鼓励幼儿从单一到综合使用各种积木材料组合，搭建成他们想要的小学的样子，尝试搭建出更高，更牢固，更完美的小学。

（2）通过开放式提问帮助幼儿解决问题。在分享与交流的过程中，充分尊重幼儿意愿，支持幼儿大胆表达，在问答的过程中，帮助幼儿梳理问题，找到解决问题的办法。同时，通过提问帮助解决幼儿之间的分歧，获得社会性的发展，学会处理各类问题，支持幼儿游戏持续进行。

小小建筑师之我们的幼儿园

石嘴山市实验幼儿园　胡艳丽

【案例背景】

临近幼儿园毕业，孩子们总是爱回忆自己在幼儿园的快乐时光。有的说喜欢吃幼儿园的饭菜，有的说喜欢后院的体能训练游戏区，还有的说喜欢自主游戏。回忆不止这些，在区域游戏时孩子们将这满满的回忆融入游戏中。在一次游戏回顾分享活动中，一张建构区的照片（图3-2-1）引发了讨论。

图3-2-1　幼儿园里的"楼房"

宸宸："你们这是搭的什么呀？"

瑶瑶："这是我们搭的幼儿园的一号楼和二号楼。其他小朋友看后都说搭得真像。"

冉冉站起来说："你们怎么只搭了一号楼和二号楼，幼儿园里还有菜地、保安室、小树林怎么没搭？"

益通回答道："没时间了，我们没搭完，准备明天继续搭。"

他说完后，凡凡、浩宇、冉冉也附和着说想跟他明天一起搭。

【游戏过程】

（一）室内搭建幼儿园

追随幼儿的兴趣，搭建幼儿园的活动就这样开始啦！凡凡说想搭沙池，冉冉说想搭操场，浩然着急地说："那我搭什么呢？幼儿园里还有什么呢？"这时益通说："要不我们去看看幼儿园里有什么吧！"于是孩子们去参观了幼儿园（图3-2-2）。参观后，孩子们绘制了幼儿园建构图纸（图3-2-3），并对自己搭建所需的材料进行了选择。

图3-2-2　参观幼儿园

图3-2-3　幼儿园建构图纸

搭建开始前孩子们进行了分工，确定了搭建位置。搭建开始了，孩

子们选择在楼道进行游戏（前期孩子们就提出卧室过道位置太小，总有小朋友走来走去的没办法搭建，他们想到楼道里搭）（图3-2-4）。区域游戏结束，孩子们将自己的游戏发现和问题与其他小朋友分享：KT板有点薄，垒高时上面的东西总是掉下来，后来他们换成资源包盒子，盒子很厚、很硬，垒高后再也没掉下来；孩子们想用纸筒的时候发现纸筒不够了，雯雯想到了用颜料瓶来当支柱，用水彩笔盒搭多功能厅的大门；搭幼儿园的小树林里一条石头路时，刚开始孩子们用了雪花片铺路，过了一会儿，孩子们想起班里有小石头，于是就用了班里的石头铺路。

还有些孩子提出了一些小问题。凡凡站起来说："老师，益通他们把多功能厅搭错方向了，应该在门口那他们搭到操场上了。"益通说："你们都把位置占满了，我没地方就搭在那了。"凡凡又说："老师，我们楼道太长了太窄了，我们想去找个大点的地方搭建，哪里合适呢？"

图3-2-4 室内搭建的幼儿园

教师的思考： 大班即将毕业的孩子们对自己生活了三年的幼儿园有很多留恋之情，孩子们将这些感情融入一日生活中，建构游戏区的孩子

们将自己的已有经验进行展示，搭建出他们所看到的幼儿园。

大班幼儿搭建经验已经非常丰富了，对于材料的特性也有了一定的了解。因此，孩子们对于材料的计划和选择都心中有数。孩子们不但有探索精神，还有创新精神，游戏中一些随机材料（颜料瓶、水彩笔盒、石头）的出现，更加丰富了孩子的已有经验，也使得作品更加丰富。在搭建位置的选定上也体现出大班幼儿的特点：对于自己的想法大胆的表述，能够主动发起活动并在活动中愿意动脑筋，想办法。

（二）户外搭建幼儿园

在第一次游戏中孩子们提出想到户外搭建，就这样"幼儿园"的第二次搭建开始！

孩子们对于他们之前的分工表示没有意见，还是原班人马进行搭建。首先是搭建一号楼和二号楼的孩子们选择了长方体的积木进行围合和垒高，搭到第三层时倒塌了，第二次还是失败了，几个小女生有点着急，涵涵说："咱们这样搭总会倒，我们试一试上次搭舞台那样的方法，中间露个口出来。"于是他们几个尝试重新搭建，终于成功了。

搭建停车场的冉冉找到我说："老师，我们需要小汽车停在停车场里，能去班里拿吗？"我点头答应了。这时几个男生跑了过去，我问他们要干什么？他们说要搬一下轮胎搭围墙。只见他们把轮胎一个挨一个立起来摆好，可是不一会全倒了，他们又在两边放了圆柱体积木，结果还是倒了，他们想把轮胎挨得紧一点，但还是倒了，于是他们又搬来了梯子，用梯子把轮胎夹住这样就不倒了（图3-2-5）。

围墙完成后，圆柱体积木搭建的大门感觉有点小，男孩们也注意到了这一点，他们开始找可以用的材料，最后他们确定了用滚筒搭建了可以动的电子门。就这样，幼儿园搭建完成（图3-2-6）。

图3-2-5 轮胎围墙

图3-2-6 户外搭建的幼儿园

教师的思考：有了前期室内搭建的经验，孩子们的兴趣更浓了。由室内搬至户外，场地变大了，材料也多了，孩子们的搭建能力也再次面临挑战。孩子们通过对材料细微的观察和多次的尝试找到了适合的搭建材料。利用圆形滚筒的特性搭建了电子门，运用梯子将轮胎固定，这些说明了孩子们在材料的选择使用上的能力有了很大的提高，而且还能根据材料的特性进行组合，不断推进游戏的发展。

支持策略

（1）尊重幼儿，引发兴趣。兴趣是最好的老师。此游戏因兴趣而引发，因兴趣而坚持。整个过程中，教师重视幼儿已有经验的链接以及再生经验的实施和探索性的学习，并为幼儿探索活动给予适宜的支持。比如，户外搭建围墙时，在一次次的失败中，共同探究总结经验，最终通过实践尝试找到了适宜的搭建材料和方法。

（2）细致观察，静待成长。教师通过观察幼儿对建构材料运用的经验，发现了儿童对空间认知有了自己的想法，例如，在

分工搭建时幼儿还对搭建内容的位置进行了划分，以及场地的选择更换。在这个过程中教师没有着急介入打扰，而是选择退后关注，静待成长。

（3）放手幼儿，信任幼儿。在游戏的过程中教师选择适时的放手，积极鼓励和充分信任，给予幼儿宽松舒适的游戏环境，在此环境中幼儿大胆创新，积极参与，在游戏中快乐成长。

从 "龙舟" 到 "军舰"

石嘴山市实验幼儿园　马韶华

【案例背景】

我们组织了一节 "划龙舟" 的体育活动。活动前，教师要求孩子们在家和爸爸、妈妈一起了解龙舟的结构和赛龙舟的习俗，观看并模仿划龙舟前行的动作。活动时，孩子们积极探索赛龙舟的不同形式：两人合作赛龙舟、多人合作赛龙舟，孩子们玩得不亦乐乎。回到班里后，孩子们还意犹未尽，讨论着体育活动中自己和小伙伴们是如何合作取得赛龙舟的胜利的。这时，宇宇说："我真想建一个龙舟，与其他小朋友进行比赛。"他的提议得到了小伙伴们的赞同，纷纷来到我面前提出想和宇宇一起搭建一个龙舟。我支持了孩子们的想法，说："区域活动时，你们可以去建构区进行搭建。"于是，孩子们欢天喜地来到了建构区，探索搭建龙舟之旅开启了。

【游戏过程】

（一）龙舟的牙齿

搭建开始了，孩子们商量起来："龙舟上有什么？我们怎么样搭建？"有的说："我记得妈妈给我看过龙舟上有龙头、龙身、龙尾。"有的说："龙头上有眼睛、龙角、龙的牙齿，龙身上还有划桨座椅。"有的说："龙尾还有……"孩子们纷纷讨论着。这时候，丹丹说："我们把自己想建的龙舟画出来。"于是，孩子们各自绘出了自己心目中的龙舟，并通过投票的方式选择搭建辰辰设计的龙舟（图3-3-1）。

孩子们开始进行分工搭建，宇宇和怡怡选择了搭建龙头，欣欣和辰辰选择了搭建龙身，丹丹选择了搭建龙尾。

宇宇说："我的龙头要有眼睛和牙齿。"怡怡说："我们用什么材料做眼睛和牙齿呢？"两人来到材料区，选择短小的圆柱体当龙舟的"眼睛"，长方形木板当"牙齿"。但他们发现长方形木板放在纸筒上太长。这时，怡怡说："我们能不能把长方形木板当成龙头的嘴巴？小正方形木板当牙齿。"他们继续搭建着，怡怡把长方形木板一端放在厚纸桶上，另一端悬空，并在上面放上"牙齿"，当她放手时，两块木板同时掉了下来。经过几次的尝试后，宇宇说："我知道了，你的手压在木板上，木板就不会掉下来，当你的手松开，这边没有手压着，木板就会掉下来。"于是，宇宇拿来厚纸筒压在了刚才手压着的木板这端，木板再没有掉下来，"牙齿"稳稳地放在了上面。

图3-3-1　搭建龙舟的计划

教师的思考：幼儿在搭建过程中，想让木板一端悬空并放上牙齿，但总是掉下来。他们在不断地尝试过程中，宇宇仔细观察并联系数学操作中"比轻重"的经验，发现一端总是掉下来是因为悬着一端的重量与另一端的重量不一样，两端不平衡，所以就会掉下来，说明孩子对平衡的概念有了一定掌握，并迁移到了搭建活动中，分析问题和解决问题的能力有所提高。

（二）龙舟的"凉亭"

龙舟建成了，孩子们高兴地邀请我乘坐他们的龙舟。我坐了一会儿说："太晒了，把我晒黑了。"孩子们说："老师，我们一起建个凉亭，就不会把你晒黑了。"孩子们拿来了纸筒做凉亭的支撑柱子，用长木板做龙舟凉亭的顶，但比画了几次，发现两边的木板连不到一起。他们又在中间立了一个柱子，这下，两边的木板终于可以搭在一起了。孩子们再次邀请我乘坐龙舟，由于凉亭的高度是按照孩子们的身高建造的，我小心翼翼地坐进龙舟，结果还是碰到了凉亭中间的支撑柱子，凉亭倒塌了。孩子们看着倒塌的凉亭说："一根柱子不稳，容易倒，我们

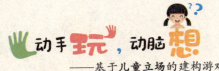

怎么样才能让柱子不倒呢？"孩子们想到了运用双层柱子来防止倒塌。由于厚纸桶不够，无法建成凉亭。这时，王子说："我们平时把纸筒套在手臂上，他们就掉不下来，能不能在纸筒中间放一个长长的木板，把纸筒一个一个套上去？"大家试着把长木板上套上一个个厚纸筒。经过孩子们再次尝试，凉亭的柱子不再容易倒下，很稳固。玩着玩着，孩子们发现自己手里拿的东西没有地方放，于是，他们又在凉亭上面搭建了架子，可以方便放雨伞，零食等一些物品，凉亭的功能逐渐增多（图3-3-2）。

图3-3-2　搭建龙舟的凉亭

教师的思考：整个搭建过程，他们能始终如一地专注投入，不停地改进搭建策略，并学会了运用已有的经验来完善龙舟凉亭的搭建。由此可见，孩子们在体验探究的过程中不仅发展了初步的探究能力，积累了经验，而且养成了主动积极的学习态度，分析问题、解决问题的能力得到了提升，同伴间的沟通交流能力也有了一定的发展。

（三）尝试改造龙舟凉亭

龙舟搭成了，孩子们乘坐在自己搭建的带有凉亭的龙舟上，玩的

很开心。这时却听见琪琪嘟囔说："你们两个人在凉亭下，我们被太阳晒着，热死了，能不能建一个宽一点的凉亭？"于是，他们拿来了不同的材料：连接棍、黑板、床、画架、桌布、琴凳、积木箱、毛巾被等不同的材料开始不断地尝试。他们先用床、琴凳当凉亭支撑架，由于太宽，无法放下龙舟的座椅。宇宇将黑板放在龙舟的中间说："我们用黑板做龙舟凉亭的支撑架。"丹丹说："凉亭的顶部我们用木板。"欣欣说："用木板太短了，中间要用很多的柱子支撑凉亭顶棚架，我们来回走动时就会把柱子碰倒。"孩子们又开始讨论起怎样减少柱子，凉亭还能变宽。王子拿来了连接棍放在黑板两侧比画着对欣欣说："我们用连接棍当凉亭的顶棚架。"很快凉亭顶棚架做成了。可是又一个难题摆在了孩子们的面前，用什么材料做顶棚布？孩子们看到了毛巾被，当他们把毛巾被搭在顶棚架上时，由于毛巾被太沉，黑板两侧的连接棍不停地转动，最终毛巾被掉了下来，孩子们发现毛巾被太重，他们又看见美工区小朋友画画用的桌布又大又轻，借来搭在了顶棚架上，由于支撑架太远，桌布也不停地掉落下来。孩子们有点灰心了，不想改造凉亭了。我走了过去说："你们再看看班里还有哪些物品可以做支撑柱。"这时，怡怡看见花架旁的画架说："我们把黑板换成画架试试。"结果桌布还是掉了下来，探索又一次陷入了僵局。我指了指画架上许多的小孔说："我们攀岩长廊顶棚架上面有许多木条，木条可以用什么代替呢？画架上的小孔我们又可以用它做什么呢？"孩子们突然茅塞顿开，用许多连接棍穿过小孔，就像我们攀岩长廊上面许多木条一样。孩子们再次把桌布搭在顶棚架上，桌布没有掉下来！他们激动地喊起来："终于成功了！"经过不断地尝试，一个宽敞又防晒的龙舟凉亭做成了（图3-3-3）。

图3-3-3　改造龙舟凉亭

教师的思考：在多次尝试搭建过程中，孩子们态度认真，不断地尝试用各种材料搭建龙州凉亭顶棚架，终于成功地战胜了自己，完成了龙州凉亭的搭建。由于受搭建凉亭知识经验和水平所限，他们对凉亭顶棚架的结构不太了解，老师适时地用攀岩长廊顶部结构进行提示，开拓了孩子们的思维，最终宽敞又防晒的凉亭搭建成了。孩子们在游戏的过程中，始终都能有序分工合作，表现出面对问题能够默契合作、合理分工、相互商讨，体验到了与他人交往的快乐，学会了沟通与协商，提高了合作交往的能力。

（四）龙舟变身军舰

玩了几次后，木子说："划龙舟时，我们要有方向，要划到哪里？我们要有一个定位。"怡怡说："我们在龙舟上放个电脑，就可以定位了。"宇宇说："海上浪大电脑会来回移动，会掉在地上。"丹丹说："我昨天在电视上看到军舰上面有一个固定的电脑，不会来回移动。"话音刚落，孩子们兴奋地说："我们把龙舟改造成军舰吧！"孩子们跑到我面前说："老师我们想看一看军舰是什么样子的，里面都有什

么？"于是我带领孩子们通过视频观看军舰，孩子们了解了军舰的基本结构，还看到了军舰上有很多人，有许多大炮。孩子们发现教室的空间太小，决定到户外进行军舰的搭建。"

随着场地的变大，材料更加丰富，孩子们对搭建'军舰'的兴趣更加浓厚了。从龙舟到军舰，对孩子来说是一个很大的挑战。搭建前，孩子们共同讨论在搭建军舰时用什么材料，怎样搭建……带着这些问题，他们来到了户外积木区，通过大家的合作，最初的军舰模型搭建完成，孩子们兴奋地驾驶玩耍。玩了一会儿，宇宇说："我们的军舰太简单了，它还不够大，没有指挥室、休息舱、炮弹舱也没有。"于是，孩子们对军舰进行了加长加高，并搭建了指挥室、休息舱、炮弹舱（图3-3-4）。

图3-3-4 户外搭建军舰

教师的思考：随着游戏的不断深入，孩子们的思路更加开阔，提出把龙舟改造成军舰，由于缺乏对军舰认知，他们知道请求教师帮忙，并且决定将游戏的场地由室内变成户外。在这一过程中，孩子们的主动学习、主动思考显得尤为突出，孩子们的合作意识也在不断增强，他们能根据建筑物的特征选择材料，在建构游戏的过程中不断丰富完善军舰的功能。孩子们专注于解决搭建龙舟、军舰中遇到的种种问题，且在不断

尝试失败的过程中，情绪始终是积极向上的，并没有因为反复地试错而产生消极情绪，促进了孩子认真专注、不怕困难、敢于探究等良好学习品质的形成。

支持策略

（1）做尊重幼儿的共情者。每一个孩子都是好奇、积极、主动的个体，看似天马行空的想法背后包含着孩子们强烈的对未知世界的求知欲。在孩子们从龙舟到军舰的整个搭建游戏中，教师始终保持尊重孩子想法的态度，默默站在孩子身后观察与欣赏他们的探索，并时刻与孩子们同频共情。

（2）做善于发现的观察者。游戏中，教师时刻提醒自己要观察每一位幼儿的游戏行为，并发现游戏行为的价值和意义，在搭建过程中为幼儿提供经验的支持和知识的提升。如在他们解决凉亭顶棚架不稳固问题的时候，如果教师没有发现的眼睛和观察捕捉幼儿行为的意识，也就会错过幼儿精彩瞬间，更不利于激发幼儿主动探究的动力。

（3）做游戏环境的支持者。从龙舟到军舰的建构过程中，孩子们的搭建场地由室内到室外，从搭建龙舟的牙齿到搭建龙舟的凉亭再到搭建成军舰，教师为他们提供了所需的各种材料，解决了龙舟的牙齿安装、凉亭的支撑架、顶棚，军舰的驾驶舱、休息舱、炮弹舱的连接相通及平衡稳固等困境直至游戏成功，让游戏越来越精彩。

安吉木梯历险记

石嘴山市实验幼儿园　郭筱瑜

【案例背景】

　　本学期幼儿园新增添了户外游戏材料——安吉木梯、木箱等户外玩具，木梯的材质非常重，老师搬起来都会觉得很费劲，更别说孩子了，收放器械时还容易砸到手。一个个梯子、架子、木板对孩子们来说既新奇又陌生，每个人都跃跃欲试地想去摸一摸，玩一玩，但又因为材料比平时玩的玩具重好几倍，很多孩子不敢轻易尝试，有的孩子说不会玩、有的孩子说怕砸到自己，于是老师带着孩子们的顾虑与思考先让他们用自己的方式熟悉了材料，回班后又让孩子们将他们想怎样玩的想法画在纸上，最后大五班的小朋友怀着激动又忐忑的心走进了安吉木梯游戏区。

【游戏过程】

第一次搭建：不敢走独木桥

孩子们开心地来到了安吉游戏区，带着之前在班级里做好的游戏计

165

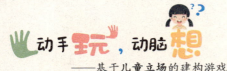

划，开始了第一次搭建之旅。嘉嘉和琪琪两个人组队，他们搬来一个架子、一个方箱，把它们拉开点距离摆设，又搬来了一个横梯，把横梯架在架子和方箱之间，然后从梯子爬上去，走过木板独木桥，再从另外一边的梯子爬下去。搭好后琪琪大胆地走了一遍，发现非常好玩，又去邀请其他小朋友来玩，在玩的过程中他发现有几个女孩在过独木桥时很害怕，颤颤巍巍的不敢迈步子。这时，琪琪便自告奋勇地承担起安全员的角色，护送女孩们走过独木桥！

　　就这样走独木桥的队伍排起了长龙，琪琪也不厌其烦地护送小朋友们过独木桥（图3-4-1）。

图3-4-1　护送女孩走独木桥

　　孩子们回到班级后也展开了讨论：

　　嘉嘉："这个独木桥看着很好玩，但是有点高，我们走的时候不小心摔下来怎么办？我真的很害怕。"

　　涵涵："可以再让琪琪保护我们过独木桥。"

　　希希："我们还可以找一个软垫子放到独木桥下面，这样即使我们掉下来也摔不疼了！"

经过讨论，孩子们一致决定找一些软垫子铺到独木桥下面保护他们（图3-4-2）。

图3-4-2　铺设保护垫

教师的思考： 从活动中可以看出，孩子们对新的游戏材料很感兴趣，每个人都能积极地参与到游戏中。大班的孩子，特别是男孩更加喜欢这样富有挑战性的游戏。在玩梯子的时候，幼儿会根据自己的动作发展水平来活动，自己选择组织各种建构活动，让幼儿在与材料的互动中，实现着自己搭建的需求与愿望，体验着搭建的快乐与成就感。

第二次搭建：摇摆的下水道

经过上一次的游戏回顾，孩子们满怀激情地开展了第二次的搭建。有了之前的经验，孩子们玩木梯时也大胆了起来，不一会儿就摆好了木梯，他们用架子、木板、方箱连在一起，搭了一条比第一次长三倍的独木桥，独木桥下依然铺了垫子，搭建好后，孩子们一遍又一遍地玩起了走独木桥的游戏（图3-4-3）。

图3-4-3　长长的独木桥

　　没一会儿，有几个孩子便觉得重复走独木桥的游戏有些无趣了，涵涵大声地招呼同伴："我们去把轮胎拿过来一起玩吧！"扬扬兴奋地喊了起来："我们可以把轮胎和木梯搭在一起！"孩子们说干就干！

　　"这是我们搭的下水道！"（图3-4-4）涵涵兴奋地指着他搭的东西告诉我，"可是这个下水道的入口太低了，不好进。"我对他说："那你们可以想办法把入口加高一点。""怎么加高呢？"涵涵没有想到好的办法，我提醒他："你觉得用轮胎加高怎么样？"涵涵立刻行动起来，找来了轮胎，刚开始他把轮胎放在方箱的洞口前，把木梯顶在轮胎上，涵涵和扬扬爬了两次后，发现轮胎加上后洞口更加小了，他们又调整了轮胎，将木梯搭在了轮胎上，入口变高了，但是难度也增加了，孩子们在爬的时候，由于轮胎的缘故，木梯会来回摆动，"老师，这样动起来才更像下水道。"梯子的晃动没有让孩子们放弃，反而给他们增加了挑战的兴趣。

图3-4-4　轮胎搭建的下水道

教师的思考： 在这次游戏中，孩子们把轮胎和梯子相结合，让游戏变得更有趣味性，也增加了游戏难度。在爬行过程中，锻炼了孩子的腿部力量和平衡能力。教师适时通过启发性提问，引导幼儿思考梳理出问题的关键，推动游戏的继续。幼儿探究过程中的"失败"，却激励着幼儿进行新的思考，产生新的尝试、探究行为。幼儿在体验着假设—验证—修正的过程，同时幼儿通过合作、沟通、尝试、相互讨论、学习等方式，成功解决了游戏中出现的一些问题，自主解决问题的能力进一步提升。

第三次搭建：闯关游戏

有了前几次的搭建经验后，孩子们开始跃跃欲试，想要搭建更高更难的游戏，在游戏开始前孩子们进行了游戏计划，他们的思维一下子被打开了（图3-4-5）。

图3-4-5　搭建计划

　　他们准备搭一个闯关游戏，孩子们来到游戏场地，按照计划先把木板抬到场地上，边摆放边看每一个架子之间的间距，不停地调整位置。

　　大坤："我这头先上去，你等一下。"

　　琪琪："这个架子高的那层太窄了，卡不上，梯子要往下面挪一层的。"

　　琪琪和大坤在搭架子和木梯时，发现架子越往上宽度越小，大的木梯就卡不上去最高的那层，他们只好往下移了一层，卡好梯子后，琪琪发现木梯在晃动，不稳，他仔细检查了一下，发现梯子的凹槽没有卡到架子上，于是琪琪挪动了木梯，对准卡槽卡进去，还用他的小拳头砸了两下，让它卡得更紧！

　　大家齐心协力搬好了木梯、木箱、轮胎，便开始了闯关游戏……（图3-4-6）。

图3-4-6　闯关游戏

教师的思考：孩子们发现每个梯子的两头都有一个卡槽，他们知道把卡槽卡在架子上，这样才更牢固，卡上后还会用手使劲拍打连接处，试探是否牢牢的卡进去了，确认安全才去搬别的梯子，学会了自我保护。经过孩子们的努力，木梯、箱子、轮胎几种游戏材料被孩子们进行整合，玩出了新花样，难度在逐步提升，平衡能力也得到了提升。孩子们兴奋的发现，经过讨论—共同设计—再搭建，反思后的搭建更有序，更成功，孩子们也有了一定的秩序与规则意识。教师又组织幼儿集中讨论、分组设计，帮助他们进一步的探索、尝试与学习。

第四次搭建：斜坡轨道

通过这一段时间的搭建活动，孩子们对于木梯的搭建越来越得心应手。孩子们又来到了搭建场地，这次琪琪和小鱼儿把木梯搭建好后，小鱼儿将地上的大轮胎竖了起来，从搭建的斜木梯上往上滚了起来，滚到一半的时候，轮胎太重了，小鱼儿一个人推不动，轮胎开始往下滑，他赶紧喊道："谁帮我把这个拉住。"一旁的琪琪立刻跑过来拉了轮胎。两人齐心协力，将轮胎从斜坡木梯上滚了上来，滚到了梯子的最高处。接着，小鱼儿慢慢地将轮胎从搭建的独木桥上滚过去，滚到另一侧的斜

坡旁，两人喊着："1、2、3，放手！"只见轮胎飞速地从另一侧的斜坡上滚下去，两人无比激动！兴奋过后，琪琪和小鱼儿接着重复刚才的动作，又将轮胎慢慢地推上斜坡……（图3-4-7）

图3-4-7　轮胎推上斜坡

教师的思考： 在此次的搭建活动中，教师观察到了幼儿用轮胎进行了新的斜坡轨道游戏。游戏的过程中幼儿发现轮胎太重推不动时，他立刻向同伴进行求助，同伴立刻过来帮忙辅助，这是幼儿团队合作性的体现。在整个游戏过程中，都是幼儿想象力和创造力的一个表现，幼儿将自己的想象结合材料进行搭建，从而进行游戏。幼儿从搭建到进行游戏，以及在游戏中爬斜坡、推轮胎过独木桥等，都是幼儿动手操作能力以及手脚灵活性的一个体现。

支持策略

（1）认真观察。在观察中，可以发现幼儿根据以往的经验解决一个问题后，又会有新的问题产生，并不断地进行调整，这一步步解决的过程就是幼儿经验的积累，这时候就需要教师的"认真观察"。

（2）耐心跟进。在跟进中，会发现幼儿从已有的经验中提取关键信息，例如：调整木板的高度时，当木板与架子的卡槽卡不紧的时候，需要同伴一起进行调整。在幼儿解决问题的过程中，教师为了理解幼儿调整的目的，会在幼儿游戏结束后，进行现场分享，这时候就需要教师的"耐心跟进"。

（3）反思追问。在追问中，教师要知道这样提问是否会提升幼儿的游戏水平，是否会帮助幼儿梳理经验。幼儿游戏失败后，要有一个梳理的过程，让幼儿及时获得新的经验。

军事基地生成记

石嘴山市实验幼儿园　赵研

【案例背景】

一天在区角游戏中，沉沉和阳阳几个小朋友在建构区玩，过了一会儿跑到我的面前：

沉沉："赵老师看我们搭的好不好，给我们拍个照片吧！"

师问："你们搭的这是什么呀？"

阳阳："这是我们搭的军事基地，专门打坏人用的（图3-5-1）。"

其他小朋友在一听到"军事基地"后都很好奇地围了过来，"好厉害呀，我也想搭。"

师："看起来好酷呀，可以请你们给我和其他小朋友们具体讲一讲吗？"

听了沉沉和阳阳的讲解后，其他小朋友都来了兴趣，想参与进来。于是关于军事基地的游戏开始了……

图3-5-1　军事基地

【游戏过程】

第一阶段：小小的军事基地

沅沅："老师我们还想搭一个更大的军事基地，但是积木都用完了。"

师："那你们想怎么办呢？"

沅沅："我们想去二楼建构室玩。建构室的材料多，我们就可以搭一个大一点的蝴蝶结形的军事基地。我们还需要一面红旗和打枪用的靶子。"

师："红旗班里有，可是打枪用的靶子班里没有，怎么办呢？"

阳阳想了想说："那我们就用笔来画吧，或者从家里带。"

师："军事基地里除了有打枪的地方还有什么呀？"

沅沅："那肯定有坦克还有飞机。"

阳阳："但是它们怎么搭呢？"

一一："老师你能在手机上搜一下给我们看吗？"

师："当然可以呀！"

175

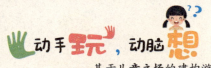

于是，我们一起观看了有关军事基地的视频和图片，之后孩子们画了军事基地设计图（图3-5-2）。

在搭建过程中，沉沉说："我们搭的东西总是倒，我都不敢动了。"

师："倒的原因可能是什么呢？"

阳阳："地方太小了，我们搭的军事基地东西又太多了，动一下就不小心碰倒了。"

一一："积木太小了，我们站起来有时候注意不到地上的积木然后就碰倒了。"

优优："我们需要一个更大一点的地方，搭的不要太近了就不会碰倒了（图3-5-3）。"

图3-5-2　军事基地设计图

图3-5-3　军事基地全景图

教师的思考：大班幼儿已经具备了一定的独立创造能力，掌握了一定的搭建技巧，能事先进行一定的设想和规划，并能通过分工、合作完成一件较为复杂的工程。在游戏中幼儿体现充分的自主性，在遇到困难的时候能主动和别的幼儿进行沟通，在发现物质环境并不适合搭建更复杂更庞大的建构主题时，能根据以往的游戏经验选择更合适的搭建场地进行尝试。《幼儿园教育指导纲要》中指出："科学的游戏环境是有效全面开展游戏活动的基础和前提。"因此，支持幼儿的想法，改变搭建场

地，提供给幼儿所需要的游戏材料，是让幼儿有更多的尝试和探索的机会。

支持策略

（1）在发现幼儿对军事基地这一主题有兴趣时，教师及时追问并提供给幼儿搭建时需要的材料。

（2）当幼儿生活经验有限，对军事基地不够了解时，与幼儿一起利用集体活动观看视频或是观看相关书籍等方法，增加幼儿对军事基地的经验积累。

（3）为幼儿提供更大的搭建场地和足够的搭建材料。

（4）游戏结束后让幼儿分享搭建时的想法或是需要解决的问题，与全班幼儿共同讨论出解决办法。

第二阶段：更大的军事基地

这次孩子们选择了去户外搭建，空间变得更大了，搭建的材料也更多了。可是刚搭了一会，优优就来找我了。

优优："老师，他们好多人都搭车去了，这都没人来帮我们搭了。"

我问："你需要老师怎么帮助你们呢？"

优优："可以再找点人来帮我们吗？"

师："那你们想找谁帮助你们呢？"

成成："上次搭飞机的是哪个班呀，可以找他们来吗？"

师："那是大二班。你们可以先去问问他们愿不愿意来一起游戏。"

当孩子们跟大二班老师和小朋友们沟通后（图3-5-4），大二班的

小朋友也愿意参与游戏。于是，我们和大二班的合班游戏开始了。

图3-5-4　寻找大二班帮助

优优："老师我们在哪边搭呀？一边离方箱木梯近一点，一边离小积木近一点。"

我问："你觉得哪边更适合搭军事基地呢？"

经过孩子们一阵讨论商量过后，沉沉过来说："老师，我们在方箱木梯这边搭吧，木梯太重了，太远我们拉不动，而且这边还有太阳，暖和一点。"（图3-5-5）

在游戏快要结束时，几个孩子过来说："老师，这个小的积木离我们选的场地太远了，我们能把积木运过去，然后就先放在那，不收进积木箱可以吗？"

我说："可以呀，但是你有什么好的办法，既能方便搭建还不会让积木散落的到处都是呢？"

孩子们环顾四周讨论了起来，最后告诉我说："我们可以分类先摆放在墙边。"

图3-5-5　户外军事基地全景图

教师的思考： 幼儿在活动时出现的问题以及需要提供的帮助是随时发生的，在遇到问题时也愿意相互讨论尝试解决问题。幼儿连续十几天没有更换搭建主题，搭建兴趣一直都在，能够在前期搭建的基础上补充推进，扩大游戏范围，丰富游戏材料，全班合作进行深度游戏。游戏目的明确、计划性强，能围绕一个主题进行长时间的建构活动，在游戏过程中充分体现了幼儿游戏的自主性，不断尝试的探究性，不轻易放弃的坚持性，以及不畏寒冬的勇敢品质。

幼儿在选择游戏场地上逻辑清晰，有思考。在搭建过程中，遇到困难时，幼儿寻求同伴和老师的帮助，能够进行有效沟通。已知大二班小朋友有搭建飞机的经验时，幼儿能够明确合作伙伴，充分证明幼儿的自主性——想玩什么？和谁玩？怎么玩？

🌳支持策略

（1）给幼儿自主的空间，让幼儿自由讨论并提出解决办法，教师及时给予回应，并让幼儿尝试自己沟通解决。如选择大二班帮忙，是由幼儿自己尝试沟通并取得了成功。

（2）给幼儿提供多种形式的建构材料。

（3）游戏结束后，引导幼儿进行游戏回顾，总结归纳游戏中的问题是否得到解决，尝试了哪些解决办法，并提出新的问题进行讨论。

第三阶段：军事大训练

再一次游戏之前，孩子们又一次展开了讨论。

沉沉："老师，我们想在我们的军事基地里玩打枪游戏，但是我们没有枪。"

优优："这些积木搭出来一点也不像枪，而且还不能拿起来走。"

成成："对呀。而且我们还想做手榴弹，但是积木太硬了，不敢扔出去，怕砸到其他小朋友。"

师："那你们需要老师怎么帮助你们呢？"

沉沉："我们可以用班里的塑料拼插玩具拼手枪，用纸团做手榴弹吗？"

冉冉："我们也可以用沙包当手榴弹，沙包是软的。"

师："那你们就去试试吧。"

于是小朋友们在做完计划后（图3-5-6，图3-5-7），开始了军事训练（图3-5-8）。

图3-5-6　手枪设计图

图3-5-7　手榴弹设计图

图3-5-8　开展军事训练

教师的思考： "军事基地"这个建构游戏是幼儿自发生成的，从开始的做游戏计划，到最后的角色游戏带入大约玩了三周的时间。游戏也由当初的3名幼儿发展成两个班的幼儿参与其中。在游戏中，他们协商、分工、合作，提高了搭建技巧，锻炼了幼儿的交往能力和口语表达能力。我作为一名观察者和支持者，在幼儿需要帮助时及时提供帮助，让游戏能继续顺利推进下去。

大班幼儿的创造力和想象力都非常的丰富，教师应该善于观察，充分抓住一切机会去激发幼儿的想象力和创造力。苏霍姆林斯基说过："手是思想的镜子，是智力进展的刺激物。"积木虽然容易动手操作，但是物体搭建过程并不简单，需要有很高的想象力和创造力，需要幼儿积极思考、积极动手操作，才能完成预期的目标。

鸟巢图书馆

石嘴山市实验幼儿园　苗洁

【案例背景】

一天晨间活动时几个孩子在聊天。

晨晨："上周我爸爸带我去二十小了，我去参观了学校图书室。"

轩轩："上次我妈妈带我去五医院对面的图书馆了，那里有好多书。"

天天："昨天我妈妈也说周末带我去图书馆呢。"

致远："离我家不远的地方有一个大图书馆，我妈妈经常带我和姐姐去看书，妈妈还给我们办了一张借书证，可以借书。"

梦熙："我也想去图书馆看看呢。"

天天："周末我们一起去吧。"

致远："今天出去搭建的时候我要搭建图书馆。"

月月："我和你一起搭建吧。"

鉴于孩子们的兴趣，我特地搜集了一些图书馆的图片，有幼儿身边的曾经去过的市图书馆、区图书馆，还有一些比较著名的建筑风格奇

特的大学图书馆，如清华大学的人文社科图书馆（像一把钥匙的形状，寓意打开知识殿堂的钥匙）、中国国家图书馆（像一本放在书桌上的大书），还有苏州大学图书馆等。

欣赏完图片后孩子们开始讨论，并画下了想要搭建的图书馆。

【游戏过程】

第一次搭建："鼎"形图书馆

孩子们拿着他们设计好的图书馆来到了游戏场地，很快他们就分好了任务，尧尧和月月还有景逸去取材料，天天、致远、梦熙负责搭建。致远和天天选择了比较结实的积木放在最底下当作图书馆的底座，用圆柱积木作为图书馆的柱子，图书馆的主体部分用木板搭建，木板与木板之间相互交叉，一层一层叠加垒高，但在垒高的过程中他们发现了问题：由于刚开始他们没有考虑到建筑物大小的问题，选的四根柱子之间的距离是根据木板的长度来决定的，用的木板也比较短，第二层的时候又用了几根柱子（图3-6-1）。

尧尧："这样搭建的话不结实，会很容易倒掉的，而且也不大呀。"

致远："拆了，换长木板吧！"

天天摇摇头不同意："不行，我好不容易搭好的，怎么能拆了呢？"他想了想说："我有办法了。"只见他把第二层的圆柱积木拿下来，往上直接搭木板，在搭的过程中他仔细打量着木板摆放的位置，边打量边说："不用圆柱小积木了，把木板往高搭，就成了。"他小心翼翼地往上放着木板。致远说："这真是个好办法。"就这样搭了一会，他们的图书馆就变成了一个方方正正的像"鼎"一样的建筑（图3-6-2）。

图3-6-1　初次搭建　　　　　图3-6-2　"鼎"形图书馆

游戏结束后分享。

景逸说："我们本来是想搭一个圆形的图书馆的，可是搭完后发现它一点也不圆，是方方正正的。"

月月说："我们的图书馆太小了，我们都进不去。"

尧尧说："我也觉得太小了，但是天天他们不想拆掉。"

我赶紧问道："那如何让小小的方形的图书馆变成高大的圆形图书馆呢？"

致远："可以搭之前用油画棒或粉笔在地上画个圆形，然后再搭。"

景逸：我们可以用柱子先在地上围成一个圆圈。"

在大家积极地商讨下，他们找到解决问题的好办法。

教师的思考：《3—6岁儿童学习与发展指南》的说明部分指出：幼儿的学习是以直接经验为基础，在游戏和日常生活中进行的。游戏中，能看出幼儿虽然已具有一定的空间逻辑思维能力，但是仍缺乏实际操作经验。幼儿在游戏前设计好想要搭建的图书馆后，开始搭建时候没有考虑到图书馆的大小和空间高度等问题，只考虑了具体的使用材料。后来，他们在分享的过程中不仅发现了图书馆的结构问题，还想到了图书馆的形状。面对发现的问题，他们的态度一直是在自己积极想办法解

决，从幼儿的游戏状态中能看出他们具有发现问题的敏感性和解决问题的主动性。

第二次搭建：探索搭建"圆"形图书馆

户外搭建活动开始了，孩子们来到户外的游戏场地开始了他们的第二次搭建图书馆的活动。经过上次的分享讨论，致远他们自信满满，到底能不能成功地把方形图书馆变成圆形图书馆呢？我们拭目以待。在室外这么大的空间，要加上柱子真的是没那么简单。柱子间的距离如何把握，他们出现了分歧，有的说要挨近一点，有的说要离远一点，最后导致柱子间距不均匀，搭建了一半的圆形图书馆（图3-6-3）倒塌了，我看到后，赶紧凑过来询问："呀，图书馆塌了？你们觉得是什么原因呢？"

梦熙："天天摆的柱子很远，致远摆的很近很密，所以我在往上搭木板时，有的地方凸起来，有的地方凹下去，木板与木板之间不好连接，图书馆搭建歪了，就不结实了，所以最后就倒了。"

师又追问："那你们觉得该怎样解决呢？"

致远："我想到一个好的办法，就是用木板量一量柱子之间的距离，让它们的距离都一样。只要柱子间的距离不大于这个木板的长度，我们就能拼接起来。"

师："如果大于木板的长度呢？"

致远："如果大于，木板就容易掉下来！"

师："这个办法听起来很不错，到底能不能成功，你们再试试？"

接着，天天和致远先用圆柱围了一个圆形，然后把长方形木板搭在圆柱上，他们直接用木板的长度的测量柱子间的距离，在小伙伴的齐心协力下，终于把图书馆的主体部分搭建好了。可是，孩子们又发现了一个问题，图书馆没有进出的门。经过一番讨论，孩子们决定在圆形的图书馆的

底部抽掉两根柱子和一部分木板，在开口处搭建大门（图3-6-4）。

图3-6-3　搭建"圆"形图书馆　　　图3-6-4　带门的"圆"形图书馆

教师的思考：这一次的游戏中天天和致远在柱子的间距问题上产生分歧，结果是互不相让，各搭各的，导致搭建的图书馆倒塌，搭建失败。在这一过程中，我们能够看出致远、天天等小朋友没有进行很好的语言沟通，在语言交流、合作方面有待加强。当幼儿在游戏中遇到问题时，老师通过抛出问题，引导幼儿积极思考，主动想办法去解决。幼儿的大胆探究都是由丰富的前期游戏经验来支撑的，幼儿在搭建游戏中细节越丰富，反映出幼儿的搭建水平和思维水平就越高。

第三次搭建——"鸟巢"图书馆的诞生

几天后，孩子们对搭建图书馆的兴趣依然不减，天天说："老师我们的图书馆没有名字，你帮我们把名字写上去吧。"

师："你们想给图书馆起什么名字呢？"

景逸："我们的图书馆看上去像一个鸟巢，就叫鸟巢图书馆（图3-6-5）。"

于是我帮他们用粉笔在牌子上写好名字，天天用两根柱子把图书馆的牌子架在上面。致远把木块夹在长方形木块中间，这样就有镂空效果，他还在大门的横梁上添加了装饰物，让大门显得更加高大气派了。

我看见图书馆的门口放了一根横梁，问他们是什么意思，他们说这是禁止入内的意思，因为进入图书馆的人太多了，不能再进人了。过了一会儿，月月从图书馆出来，拿起了各种形状的木块放在图书馆围墙上面，她高兴地说这是用来装饰图书馆的灯。这时候几个女孩子提议应该把班里的图书拿过来摆放在图书馆里，让小朋友看。孩子们把图书拿过来都整齐地摆在书架上，来看书的人也多，图书管理员涵涵也和小朋友专心地坐在里面安静看起了书。这时，只有小伟和天天孜孜不倦地改造着图书馆，他们这儿看看，那儿摸摸，看着哪个地方凹下去就用小木板垫一下，哪个地方高了就拆下几块积木来，默默做着维修。

回到班里进行游戏回顾时，我又引导孩子们分享今天的游戏感受。

梦曦："图书馆的人越来越多了，太吵闹了。"

师："那该怎么办呢？"

尧尧："那我们画一些规则吧！"

致远："图书馆的人太多了，也坐不下，我们还可以做一些借书证（图3-6-6），大家可以把书带回家去看，每人一个借书证，看完再来换新书。"于是，孩子们利用课间时间开始制作借书证，绘画图书馆的规则等（图3-6-7）。

图3-6-5 "鸟巢"图书馆

187

图3-6-6　我们的借书证

图3-6-7　图书馆规则

教师的思考： 随着游戏的深入，孩子们将角色游戏融入建构游戏当中。幼儿根据游戏需要为图书馆起了个好听的名字——"鸟巢"图书馆，投放了新的材料——借书卡，还设计了图书馆规则。游戏来源于生活，游戏情节不断地发生变化，幼儿都能积极主动运用自己的生活经验想办法解决，无论是做标记提示，还是用借书证借书，把书借回家看，看完再还等，这些都是生活中经常会出现的场景和问题，生活中我们可能在不经意间就把这些信息传递给了孩子们，他们再把这些运用到游戏中，都是对生活情景的再现。

 **支持策略**

（1）为幼儿提供资料，帮助幼儿丰富搭建经验。兴趣是探究的前提，在活动前的准备环节，教师通过让幼儿欣赏"利津图书馆""清华人文社科图书馆""苏州大学图书馆""中国国家图书馆"等图片资料，帮助幼儿加深对建筑物的认识。

（2）扮演好适宜的角色，支持幼儿与同伴合作探究并分享交流经验。游戏中，教师能够追随幼儿兴趣，关注幼儿的需求，在合适地时机，以合适的方式介入，通过及时追问，引导更多的幼

儿参与到话题的互动中来，给予幼儿宽松愉悦的心理环境支持，使得幼儿的游戏越来越丰富，也更持久、专注。

（3）用欣赏的眼光，发现幼儿的学习品质。《3—6岁儿童学习与发展指南》中指出："幼儿在活动过程中表现出来的积极态度和良好行为倾向是终身学习发展所必需的宝贵品质。"在游戏中，教师看到了幼儿的坚持不懈、团结协作、不轻言放弃的品质，能在解决完一个问题后自发地延续到下一次游戏当中。

（4）在"计划—游戏—回顾"的常规中，支持幼儿主动学习。在每次游戏前，教师都会按照游戏前计划、游戏、游戏后回顾这三个环节组织幼儿推进。游戏前的"游戏计划"，使幼儿的游戏更具有目的性；游戏时的自主选择游戏环境、材料和伙伴，让幼儿的游戏更加自由灵活；游戏后的分享讨论，让幼儿不断发现问题又获得新经验。

沙湖不夜城

石嘴山市实验幼儿园　买璇

【案例背景】

快乐的五一假期结束了，孩子们在晨间活动的时候很兴奋地和大家分享自己的五一假期活动。

优优："我五一的时候去了银川，和妈妈看了电影，还去露营了。"

露露："我们五一的时候去了西安，还去了动物园看了动物。"

涵涵："我们假期去了沙湖不夜城，去看了好看的烟花，还有漂亮的美人鱼小姐姐。"

一瞬间，班里许多小朋友纷纷表示，他们也去了沙湖不夜城，孩子们七嘴八舌地讨论起来，有的说沙湖不夜城里面太漂亮了，地上都是小鱼灯，有的说里面还有好多好吃的小吃摊，还有变形金刚，大家都觉得沙湖不夜城既好看又好玩。有些没有去过的小朋友听着大家的讨论，也着急了起来，纷纷表示也想看看，班里去过的小朋友很大方地说："我妈妈拍了好多漂亮的照片，明天给你看，我也可以画下来给你看看。"于是一场沙湖不夜城的分享大会便开始了。

分享大会结束后，几个小朋友一起商量搭建一个沙湖不夜城，大家纷纷赞同，于是关于沙湖不夜城的故事就开始了。

【游戏过程】

活动开始前，孩子们像往常一样设计自己的搭建计划。

星星："我想搭建不夜城里的树。"

佳佳："我想搭建一个秋千。"

涵涵："我想搭建一个美人鱼小姐姐的舞台。"

彤彤："我想搭建冰激凌小店……"

（一）初建沙湖不夜城

1. 初建"树"

活动开始后，星星便开始选择材料搭建她的小树，她选择了泡沫积木来搭建树干，可是很快她就发现这样搭建的树干一点也不稳，一会就倒了，于是她开始研究怎么让树干稳一点。星星的尝试吸引来了琪琪，琪琪说："星星，你的树干可以搭的粗一点，这样大树就会更加稳。"两个好朋友开始尝试，用两组积木搭建后还是不够稳，于是又增加两组，又用蓝色的毛毡板当作树冠，一棵小树就完成啦（图3-7-1）！搭建完成后琪琪和星星正高兴，就听到隔壁佳佳说："你们这个树怎么没有树叶呀！"两个小朋友收起了笑容思索起来。星星说："树叶是一片一片的，咱们去哪里找呢？"琪琪思索了一会跳了起来："我知道啦，上次我做了很漂亮的书签，我们可以把书签用胶粘上做书叶。"

说完两个小朋友开心地行动起来，很快沙湖不夜城的小树就完成啦！

图3-7-1 搭建小树

2. 初建"贝壳舞台"

涵涵最喜欢人鱼公主了，活动开始后，涵涵找到了一块地方开始了她的搭建。她很快找到了两块纸板做贝壳，又用纸杯做贝壳舞台底下的灯，贝壳舞台初见雏形。涵涵想把贝壳做成打开的样子，她找到了纸杯，发现纸杯太高了而且太滑了，上面的纸板搭上就滑下去了，试过几次后，涵涵果断的寻找新的材料代替纸杯，很快涵涵就找到了方形的积木，这次很顺利地把纸板就支起来了。涵涵又在美人鱼旁边搭建起了大树还有灯笼，人鱼公主的小舞台就这样诞生了（图3-7-2）。

图3-7-2 搭建舞台

3. 初建"小店"

在做计划时彤彤就开心的分享，自己要开一家冰激凌小店。游戏开始后，彤彤找到一个合适的位置便去用纸杯搭建了，搭建的很顺利，没一会儿，彤彤的小店就搭建好并且开始营业了。她开心的叫卖："你们要冰激凌吗？要冰激凌吗？"很快彤彤的叫卖声就吸引来了一位小客人。"彤彤，你在卖什么呀？"彤彤说："我在卖冰激凌呀！"小客人："好吧，我还以为你是烤串摊，我想吃烤串呢！"小客人说完便离开了。彤彤思索了一会，就又去教室里寻找材料了，没一会儿，彤彤回来了，她带来了美工区的木板作品当作招牌，仔细端详了一会，彤彤加高了自己的小店又去美工区画了一些漂亮的小花当作装饰。彤彤的小店又重新开业了（图3-7-3）。

图3-7-3　搭建小店

（二）复盘沙湖不夜城

沙湖不夜城第一次的搭建完成了，除了小店、树、美人鱼的舞台，孩子们还搭建了许多精彩的内容，佳佳搭建了秋千，太西搭建了发电厂，子毅搭建了变形金刚和不倒翁小姐姐，区域游戏后小朋友们进行总

结，孩子们夸奖今天的建构作品漂亮的同时，也提出了许多意见。

1. 关于"小树"

琪琪总结："我觉得，小树的树干上缺点东西，我就想到了我做的爱心小书签，把她当作树叶。"

小雨："我觉得，小树上面缺一些灯，可以用泡沫积木当作灯。"

优优："我觉得，小树上还可以找一些三角形之类的积木当叶子。"

涵涵："我感觉可以用彩泥来捏一些叶子和小花。"（图3-7-4）

2. 关于"人鱼舞台"

心爱："我觉得那个板子上可以加上一层，那样贝壳就能打开了。"

沐沐："下次可以把板子换成蓝色的，这样更像水。"

泽泽："舞台旁边的灯泡形状太尖了，大家看到不会觉得是灯泡，应该弄圆一些。"

瑞瑞："弄一个弓形的积木，下面搭一个圆的东西就行了。"（图3-7-5）

3. 关于"小店"

彤彤："今天我们开了冰激凌店，但是有人想吃蛋糕，明天我想多开几家别的店。"

俊俊："冰激凌店里没有放冰激凌。"

谈话结束后，小小建筑师们默默记下小朋友们对今天搭建的建议，并且记录下改进的方案（图3-7-6）。

图3-7-4 树的改进计划

图3-7-5 舞台的改进计划

图3-7-6 小店的改进计划

（三）完善沙湖不夜城

1. 再建"树"

下午的区域游戏开始了，星星和琪琪再次合作搭建，这次星星用花朵形纸板来代替树冠，用泡沫积木来搭建树干，很快搭建好了一棵小树，可是怎么打量都觉得不像一棵树，于是星星就又跑去找材料，这次她找到了纸筒，满意的替换好后，星星开始按照她早上的计划来制作轻黏土的叶子，但是很快星星就发现用轻黏土太慢了，星星很快在美工区找到了纽扣，放在小树上又觉得不是太好看。琪琪在教室里发现了雪花片，用来当树叶，又把小纽扣放在雪花片上当小花，还用泡沫积木来搭建了小树上的楼梯。"哈哈，我们就差小树上面的灯了，我们用什么当

195

做灯呢？"星星问。很快两人便在建构区里找到了黄色小积木，正好像一个一个小灯泡。搭建完成了，沙湖不夜城的小树变成了大树，有了新的容貌（图3-7-7）。

图3-7-7 再建的小树变大树

2. 再建"人鱼舞台"

午点时，小朋友们正在吃香香的蛋挞，就在这时俊俊跑过来找到涵涵："涵涵你看，这像不像一个大灯泡。"俊俊举起自己手中的蛋挞皮，孩子们听到俊俊的话开心极了，"对呀，这个蛋挞皮好亮，就像灯泡一样。""涵涵，我一会吃完就把蛋挞皮给你。"涵涵在区角活动前就收集了好多蛋挞皮。活动开始了，涵涵便去找蓝色的板子，很快搭建出一个小舞台，又用收集起来的蛋挞皮来做灯泡，这时彤彤也来帮忙，"涵涵，你看这个像不像人鱼舞台下面的小花。"彤彤举着雪花片拼成的小花对涵涵说。两人很快将舞台装饰一新，"舞台搭好了，我们还缺一条人鱼，我去美工区画一条吧。"于是涵涵画了一条美人鱼，将他粘到舞台中央。在角色区的沐沐看到后问涵涵："涵涵，你们有人鱼表演吗？什么时候开始呀，我能参加吗？""晚上8点开始，不行我需要画

一个海报告诉大家我们的演出时间。"沐沐说："我去画吧,一会我去帮你告诉大家。"于是沐沐画好门票,便和小朋友宣传起来："今天晚上8点,欢迎大家来沙湖不夜城看我们的美人鱼表演。"有了沐沐的宣传,其他区域的小朋友也非常想加入,大家商量了一下,必须有门票才能参加今天的活动,等到晚上8点,就请涵涵扮演人鱼公主来演出(图3-7-8)。

图3-7-8 再建的舞台

3. 再建"小店"

下午的彤彤有了小伙伴,豆苗在听到彤彤要开几家小店后,便和彤彤一起来搭建小店。两人分工合作搭建好一家小店后,豆苗负责搭建下一家,彤彤负责去班里制作店里需要的东西再拿过来,但是很快两人便发现,因为每家小店面积都太小了,彤彤一来一回很容易就碰倒纸杯,而且搭建的桌子也太小了,不稳定,彤彤拿回来的蛋糕冰激凌都没地方放。彤彤:"怎么办,地方太小了,没法放东西呀。"豆苗:"要不然,咱俩把店铺扩大一点儿吧。"说干就干,很快两人就把两间店铺合成一间,并且用纸筒和板子做了一个更加结实、更大的桌子。小朋友们在收到涵涵的演

出门票后，都打算来沙湖不夜城游玩，好多小朋友也想在豆苗和彤彤的店里买些吃的喝的，于是角色区的小朋友来帮忙，有的当服务员，有的帮忙做小吃……不夜城的小吃店生意好不红火（图3-7-9）。

图3-7-9 再建的小店

（四）沙湖不夜城开业篇

游客可真不少，大家都在等沙湖不夜城开业来看节目。建构区的小朋友看到迫不及待的观众便开始准备起来，涵涵练习自己的舞蹈，小优说："我可以当不倒翁小姐姐，一会儿和涵涵一起表演。"子毅说："我搭的变形金刚，那我一会儿也想表演变形金刚。"小吃店的小朋友们就更忙了，角色区小朋友也来帮忙，他们把角色区的"美食"拿到小吃店来售卖。

在热热闹闹的氛围中沙湖不夜城终于开业啦！涵涵和优优跳起了优美的舞，子毅也变身为帅气的变形金刚，小吃店的老板和伙计更是忙得不得了，游戏结束后，孩子们将今天的游戏故事画了出来，快乐的游戏还在继续。

教师的思考：在本次沙湖不夜城主题活动中，依据"前感知经验——

创造性建构—成果分享展示—复盘改进—完善性建构"为思路生成了幼儿感兴趣的主题建构活动。在沙湖不夜城建构游戏里，还融合了美工、角色等区域游戏，这些游戏是孩子们按照自己的兴趣，自己创造的。在活动前，孩子们积极互动，了解沙湖不夜城，提前计划需要搭建的部分；在搭建中，遇到困难时互相帮助，遇到瓶颈时不气馁，努力寻找新的材料，区域之间互动紧密尤其是角色区的小朋友，与建构区开小店的小朋友融为一体一起游戏；活动后，孩子们一起探讨，用绘画的方式表述自己的游戏故事并和小朋友分享。同时在保证安全的前提下，孩子在游戏中探索使用不同的材料，通过孩子自主对材料的寻找观察，进一步激发孩子对材料的探究学习欲望，在对材料的探究过程中，孩子也会逐渐认识材料的结构和材质，并学会运用它们的特点，在教师的引导下学会如何解决问题。

🌳 支持策略

（1）在主题建构游戏实施过程中，教师更多的是追随幼儿兴趣，用发展的眼光去审视幼儿在主题中感兴趣的是什么、需求的是什么，从而在预设的基础上进行适当的调整和有机的整合。通过谈话、观察、表征等形式了解幼儿已有经验，利用幼儿分享的逛沙湖不夜城的经历丰富幼儿的经验，同时投放丰富的建构材料，为主题开展提供了有利经验。

（2）打破区域活动界限，进行有机整合，整个沙湖不夜城主题分成五个涵盖五大领域目标的综合性的区域，搭建不夜城—宣传表演—表演舞蹈—加工食品—买卖食品，游戏将各个区域串联起来，既满足幼儿的游戏需要，又能更好地实现游戏主题的目标。

（3）提供充足的时间、空间，游戏前鼓励幼儿大胆制定搭建计划，游戏中记录幼儿的闪光点及遇到的困难，游戏后的幼儿分享总结，为幼儿提供轻松愉悦的心理环境。

（4）提供丰富适宜的游戏材料，幼儿可跨区域在班级大胆选择能够搭建的材料，满足幼儿的实际需求，引导幼儿与材料积极互动，给予幼儿更多的想象和个性化表现的空间。

（5）提供更多欣赏、交流作品的机会，鼓励幼儿大胆表达，作品介绍不但可以发展幼儿的语言能力，更能增加幼儿的勇气，发展幼儿的社会性。

（6）游戏中充分尊重幼儿意愿，每一环节都为幼儿提供轻松的心理环境，支持幼儿敢表达、愿意表达的活动氛围，支持幼儿持续进行游戏。

摩天轮

石嘴山市实验幼儿园　马韶华

【案例背景】

"十一"小长假期间，许多孩子去了游乐园。节后一回来，他们常聚在一起谈论又玩了哪些好玩的游乐项目，其中，谈论最多的是摩天轮，并产生了用班里现有的废旧材料搭建摩天轮的想法。

【游戏过程】

（一）摩天轮的座椅不平衡

建构游戏开始了，丫丫等几个小朋友选择了搭建旋转摩天轮。丫丫从材料筐里拿出了长一点的厚纸筒做摩天轮的中心轴，羽羽选了块长一点的木板来到丫丫面前说："我们用这个长木板当作摩天轮的支撑架。"他把长木板放在了中心轴的下面，丫丫看了看说："摩天轮都是在上面旋转的，支撑架应该放在上面。""放在上面，小朋友怎么上去？还是把支撑架放在下面。"羽羽坚持自己的想法。两人争论起来，互不相让。看到这种情形，我来到他们身边说："你们两个的方

法都可以试一试，看一看怎样摆放会更好。"丫丫说："那就先试试我
的方法。"羽羽把长木板放在中心轴上面，然后开始继续搭建。他们将
纸筒放在了长木板的上方当座椅，在放第五个纸筒时，只听见"咚"的
一声，摩天轮倒塌了（图3-8-1）。他们又重新进行搭建，搭建到第五
个座椅时又倒塌了。丫丫说："为什么总是搭到第五个座椅时就会倒塌
呢？"家宝想了想说："我知道了，一边是两个，一边是三个，不一样
重，轻的抬起来了，重的落下去了，就像跷跷板一样。"丫丫点了点头
说："我明白了，因为两边的座椅不一样多，才会倒塌的。"

图3-8-1　摩天轮倒塌

教师的思考：幼儿在搭建过程中因为支撑架放在上面还是放在下面
而发生了争论。放在上面是基于幼儿对摩天轮结构的了解——摩天轮都
是在上面旋转的，放在下面是考虑到小朋友没法上去，似乎都有道理。
面对幼儿的争执，我没有武断的判断谁是谁非，而是给予简单的语言提
示，放手让幼儿去大胆尝试，让他们在不断的探索中找到问题的解决
办法。

（二）改造摩天轮的中心轴

通过前面两次搭建的失败，再一次搭建时，他们更加的小心翼翼了。随着座椅的增多，摩天轮的中心轴又开始不停地晃动，最终摩天轮倒塌了。羽羽走到了丫丫身边说："丫丫，我们把支撑架放在下面吧，那样会不会就不倒了呢？"丫丫点了点头，将支撑架放在下面时，不小心碰了一下中心轴，结果摩天轮又一次倒塌了。接连的失败，让孩子们有些灰心。我赶忙走上前，对他们说道："你们看看其他小组的小朋友是用什么办法让中心轴立住的呢？"他们去旁边看了看晨晨几人搭建的旋转飞椅，发现旋转飞椅的中心轴是将大块方形木板用四个纸筒架空后一层一层搭上去的，看上去很稳当。家宝说："我们的中心轴太细了，太高了，所以才会一碰就倒，我们也用这种办法试试吧？"问题找到了，他们又开始了第四次的搭建。在借鉴同伴经验的基础上开始改造完善自己的摩天轮。经过大家的共同努力，一个中心轴稳固、十个支撑架呈四周放射状的摩天轮终于建成了。

教师的思考：当再次搭建摩天轮时，虽然解决了支撑架两边座椅平衡的问题，但新的问题又出现了——中心轴不稳。这时，他们及时调整了搭建位置，将支撑架放在下面进行搭建。当孩子们尝试把支撑架放在下面搭建时，由于不小心碰了一下中心轴，摩天轮再次倒塌了。这时，我引导他们去观察同伴的作品，他们发现了问题的症结所在——中心轴太高太细了，导致了摩天轮的倒塌，初步感知到了底面积大更有利于在搭建中保持重心的稳定。

（三）尝试完善摩天轮

玩了几次后，孩子们高兴地过来邀请老师乘坐他们的摩天轮游玩。

我说："你们几个坐进去刚刚好，没有多余的地方可以让我坐了呀？而且我还很害怕从摩天轮上摔下来呢！"丫丫听了若有所思，然后说道："老师，我们在嫁接个座位就够坐了，你也不用怕，我们在摩天轮周围安装上厚厚的墙垫，就不会摔着你了。"说完，丫丫从材料筐里选了几个白色的纸筒堵头，放在了支撑架前端用木板围成的长方形框架里当座位，但是，感觉还是太少了。于是，她试着把木板拿掉，发现空间变大了。接着，她从材料筐里拿来了许多白色的纸筒堵头，摆弄了很长时间，搭成了六瓣花型的座椅架，并且在上面放置了许多拼插而成的座椅。这下，座位增多了，占用的空间还小。随后，丫丫让其他小朋友在每个支撑架顶端都照样搭出了座椅架和座椅。

搞定了座位的问题，她们又商量着如何搭建安全防护墙。小贝说："上次的安全墙太矮了，人不小心会飞出去，我们应该建的高一点。"羽羽又说："小朋友掉下来以后，怎么才能很快地发现有人掉下来呢？"他们商量了一下，找来了一些茶叶筒和木板，沿着摩天轮的四周，运用架空的技能一层一层的搭出了高高的防护墙，还在中间放上了一个圆纸筒。我不解地问："这个是什么呀？"家宝说："这是一个报警器，当小朋友掉下来时，红外线扫到小朋友就会立即报警，人们可以在第一时间来救小朋友。"

终于，一个壮观、安全实用的摩天轮建成了（图3-8-2）。这是孩子们眼中完美的摩天轮。看着自己的作品，欣赏着集体智慧的结晶，孩子们欢呼雀跃，笑容无比灿烂。

图3-8-2　安全实用的摩天轮

教师的思考：由于受知识、经验水平所限，孩子们还没有安全防护的意识。当孩子们邀请老师乘坐摩天轮时，教师适时提出了座椅不够和安全防护的问题，将建构游戏又推向了一个新高度。在多次的尝试搭建的过程中，他们以认真的态度、小心谨慎的动作、不断努力的配合，终于成功地挑战了自我，完成了作品。

 **支持策略**

（1）放手游戏，为幼儿提供自由探索的机会。在游戏过程中，教师敢于放手，让幼儿自由探究，给幼儿提供了主动探究的时间和空间，让他们在玩中学，在玩中思考。在这个过程中，幼儿的失败不仅是被接受的，甚至是受到了欢迎的。

（2）适时介入，为幼儿提供有效的指导。在游戏中，教师既是观察者，也是合作者，更是游戏深入开展的指导者。游戏是教

师了解幼儿的一个窗口，因此，认真细致的观察才能让教师发现幼儿在游戏中的问题与困难，为及时有效的介入做准备。当幼儿有分歧时、失败灰心时、因缺乏经验考虑不周时，教师的一个眼神、一句鼓励、一个启发、一个提问都会推动幼儿的深度学习。

我们的飞机梦

石嘴山市实验幼儿园　张丽佳

【案例背景】

建构区是大班孩子最喜欢的游戏区。在这里，孩子们基于自己的游戏意图进行自主搭建，从高铁游戏、消防车游戏到乘房车郊游等，游戏内容越来越丰富。

暑假过后，孩子们进班的第一件事就是和好朋友们分享自己假期的快乐趣事。兮兮跟小伙伴们说她假期是坐飞机出去旅游的，还和小伙伴们分享了坐飞机的感受。于是，孩子们开始你一言我一语地讨论起来。

"我也坐过飞机，飞机上有好吃的零食和饮料呢！"

"坐飞机是不是很好玩？"

"我没坐过飞机，飞机里面大吗？"

"我在电视上看到过飞机，妈妈说以后会带我坐飞机去旅游。"

幼儿对飞机的兴趣引起了老师的关注。于是，基于孩子们的兴趣，"我们的飞机梦"的活动就应运而生了。

【游戏过程】

（一）关于飞机的那些事儿

在自主游戏时，兮兮张开双手，抬起一只脚，然后身体往前倾，单脚站立，嘴里还数着数。欣欣跑来问他："兮兮，你在干吗？""我在变身小飞机啊，我看看我可以飞多长时间。"（图3-9-1）欣欣听完，也抬起一只脚，单脚站立，可坚持不到3秒就站不住了。兮兮说："你要把手臂打开，飞机有两个长长的机翼，这样才可以保持身体的平衡。"欣欣学着兮兮的样子，也张开双臂，抬起一只脚，果然坚持的时间比刚刚长了很多。"可是飞机是在天空飞的，我们怎样才能像飞机一样飞呢？""我们把你抬起来，你不就可以飞了吗！"恒恒自告奋勇地说道。于是，恒恒和硕硕合力将欣欣抬起来，欣欣抬起双臂，开心地叫道："我变成小飞机啦，我飞起来啦！"在分享环节，教师问孩子们："在今天的游戏中，有谁遇到了问题需要大家帮忙一起解决的呢？"欣欣立刻举起手，并将他们的飞行游戏和大家进行了分享。教师问："你们坐过飞机吗？坐飞机是什么感觉？"兮兮说："飞机可以飞在云彩上，可以飞得很高。""那飞机是什么样子的呢？"教师又问。"飞机有长长的机翼。""还有螺旋桨和轮子。"于是教师请孩子们把自己喜欢的飞机带到班里，向孩子们展示了他们自己的飞机玩具，并让他们观察飞机的外形特征及结构，孩子们热情高涨，观察得格外仔细。通过观察，孩子们知道飞机的外形主要分为机身、机翼、尾翼等。紧接着，教师又播放了一些和飞机相关的视频，让孩子们通过网络、图书等方式观察飞机的特征及种类，更好地了解飞机的特征。孩子们在观看的过程中，不仅了解了飞机的特征及种类，而且知道了每种飞机的用途。

图3-9-1　兮兮变身小飞机

教师的思考：从上述片段可以看出，孩子们对飞机产生了极大的兴趣。在玩飞行游戏时，面对单脚站立无法保持身体平衡和身体不能悬空的问题时，孩子们互帮互助，共同解决问题。虽然根据已有经验，孩子们知道飞机的双翼可以保持平衡，但这个阶段的孩子对飞机保持平衡的原理并不清楚，于是，教师引导孩子们通过观察、思考、讨论，了解了飞机的特征及种类，解决了疑问，积累了与飞机相关的认知经验，为后期的建构活动打下了基础。

支持策略

在各区域增加材料，供幼儿自主探究。例如，在美工区给幼儿提供折飞机的彩纸、画纸和画笔；在科学区，给幼儿增添飞行棋和飞机模型等；在图书区，给幼儿增添《飞机大百科》等书籍。

（二）关于搭建飞机的梦

第一次搭建：飞机初现雏形

带着对飞机的喜爱，孩子们决定用积木搭建飞机。兮兮用纸杯当基底，将一些长方形积木并排摆放，搭出了飞机的机身，然后用细细的木块做成了飞机的机翼，尾翼则是用两个正方形积木和不规则木板拼搭而成，最后还在飞机上面摆放了一些小正方形积木当作礼物（图3-9-2）。搭建完成后，她向其他小伙伴介绍自己的作品："这是我设计的神奇的飞机，别看它的机翼小小的，但一点儿也不影响飞行，它的机舱里有我送给外星人的礼物，我可以坐着它飞到很远很远的太空。"孩子们听着兮兮的介绍纷纷发出感叹，有很多孩子也想试一试。于是，教师请孩子们拿出画笔，在纸上画出自己想搭建的飞机。孩子们的画里，有的呈现了和爸爸一起坐飞机去旅游的画面，有的呈现了和好朋友一起坐飞机去动物园的画面……小小的飞机承载了孩子们内心美好的愿望。

图3-9-2　搭建飞机雏形

教师的思考： 从孩子们的表现中可以看出，他们对搭建飞机还是很感兴趣的。兮兮根据已有经验，将飞机的基本结构搭建了出来，并且在

向大家介绍自己作品的同时，将自己的飞机梦融入其中。今今搭建的飞机吸引了很多孩子，由于孩子们想搭建的飞机各不相同，所以在教师的引导下，孩子们先在画纸上画出自己心目中的飞机。

🌳 **支持策略**

鼓励幼儿查找资料和画飞机设计图，并鼓励幼儿介绍自己的作品，通过介绍将图画符号转化成口头语言，锻炼幼儿的语言表达能力。同时，也能让幼儿学会清楚地表达自己想和谁搭建、在哪搭建、用什么材料搭建以及搭建一架什么样的飞机。

第二次搭建：客机总动员

户外活动时间到了，这一次，孩子们想搭建大客机。于是，他们在作品展示区选择了今今的客机设计图，准备帮今今完成她的飞机梦。

孩子们带着设计图来到户外，分工合作，根据图纸上的设计，利用大型积木进行搭建。孩子们先用圆柱体和长方体的积木搭建飞机的机身和机翼，然后搭建尾翼……为了将飞机变得立体，孩子们用了圆柱体积木做支撑，在机翼部分，孩子们搭建了两层，然后将两端收拢，飞机的外轮廓就这样出现了（图3-9-3）。

"我们怎么进到飞机里去呢？"

"做一个门就可以啦！"

于是，孩子们在右侧机翼旁给飞机开了一个门，他们还用积木搭建了一个小楼梯。

小语发现飞机的尾翼有点单调，便将三角形的积木放在尾翼，让飞机变得更逼真了。

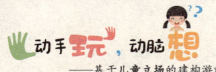

有了图纸，今天的搭建活动非常顺利，不一会儿，大家就按照图纸搭建好了客机。

看到搭建好的客机，泽泽说道："老师，这也太简单了，一点儿难度都没有。"

"飞机的外形是搭建出来了，可飞机内部还差些什么呢？"我问道。

图3-9-3　搭建的客机

教师的思考： 在搭建飞机的过程中，孩子们将积木层层叠高，说明他们已经学会了基本的搭建技巧；同样大小的积木叠加在一起，说明孩子们可以根据积木的大小、形状等将积木分类；飞机机翼对称搭建，说明孩子们初步理解了量的相对性和物体之间的对称性。同时，飞机机身、舱门和尾翼的设计，说明孩子们已经对客机具有一定的认知经验，能通过经验再现，将其迁移到游戏中。孩子们对飞机各个部位的介绍，说明他们有明确的游戏目标。当大家发现没有留出舱门时，孩子们能够及时进行调整，说明他们关于飞机的认知经验在不断丰富，并越来越多地呈现在了游戏中。

大班建构游戏

支持策略

家园共育帮助幼儿了解飞机内部结构。积极与家长沟通，向家长介绍幼儿的游戏需求，请家长在家继续帮助幼儿拓展关于飞机的知识。同时，在班级区角内投放飞机模型，引导幼儿观察飞机的内部结构；播放与飞机相关的视频，帮助幼儿明确飞机各个部位以及各个系统的名称，努力给幼儿一个正确的引导。

第三次搭建——完善机舱内部设施

孩子们的第二次搭建取得了初步成功，可兮兮说："客机还没有完工呢！没有驾驶舱我就没有办法操作，飞机也飞不了呀！而且飞机里面空空的，乘客该坐哪儿呢？""是的，还没有驾驶员呢！"硕硕附和道。于是，孩子们搬来积木准备完善机舱内部设施。硕硕来到机头，用小积木开始装饰，浩宇给他送来了圆柱体积木，他将圆柱体积木平放在地上，然后在上面放上了长方形积木，一层不够，又叠加了两层，还不时地将长方形积木摆放整齐。浩宇找来一个圆形积木，准备搭建操作盘，他们在长方形积木上放置了一个圆形积木，可是圆形积木总是滚来滚去的，孩子们又在圆形积木旁围上了三块小积木用来固定，可作用并不大。这时，浩浩找来了一个扇形积木递给睿睿，睿睿将圆形积木换成了扇形积木。沐沐也想出了好办法，他将三块小积木垫在了扇形积木下面，这样小小的操作盘就搭建完成了（图3-9-4）。

图3-9-4　飞机内部设施和驾驶舱操作盘

　　沐沐拿起换下来的圆形积木放在地上，敏敏拿起长方形积木和长方形积木放在了一起，他们想做一把小椅子，但是他们发现放在地上太矮了，于是又找来一些长方形积木继续搭建。就这样一把小椅子搭建完成了，浩宇还坐上去试了试高度，他双手放在操作盘上，屁股挪了挪，满意地点了点头。其他孩子也迫不及待地试了试，大家还照着成功了的小椅子做了很多乘客的椅子，飞机一下子变得非常大气，机舱内部设施也完善了很多，孩子们的搭建技能越来越熟练（图3-9-5）。

　　机舱内部设施完善后，浩宇坐在了驾驶舱，他双手把控操作盘，有模有样地当起了驾驶员，后面的小乘客们非常激动。这时，有孩子开始催促机长："快让飞机起飞吧，我们想坐飞机！"其他孩子见状纷纷挤进机舱，要求飞机赶快起飞。一时间，机舱里挤满了人。有些孩子上了飞机后就一直不下来，这导致其他想坐飞机的孩子只能着急等待。

图3-9-5　飞机搭建完整作品

教师的思考： 在搭建过程中，从飞机的外形延伸到飞机的内部——装饰驾驶舱和操作台，这些都源于孩子们的生活经验。当他们发现座椅放在地上太矮时，立刻通过增加积木来调整座椅高度；当发现操作台有点窄，操作盘没办法放时，立刻想办法加宽操作台。孩子们在不断完善机舱内部设施的过程中，操作能力和理解能力不断得到提升。随着知识的不断丰富，孩子们的好奇心更强了。但由于参与的孩子多，当飞机要起飞时，其他孩子见状纷纷挤进机舱，这给孩子们的游戏带来了一定困扰。

支持策略

　　利用集体活动和区域活动助推建构游戏的开展。通过科学活动"认识飞机"，让幼儿认识飞机的外形特征和简单结构，激发幼儿探索飞机的兴趣，培养幼儿的创造力和想象力；通过社会活动"坐着飞机去旅行"给幼儿普及坐飞机的基本流程，引导幼儿争做文明小乘客，感受乘坐飞机的规则和乐趣。

生态火锅店

石嘴山市实验幼儿园　王雯

【案例背景】

在12月份的主题活动"红红火火中国年"的学习中，孩子们对中国年有了深刻的认识，其中"年夜饭"是孩子们最喜欢的话题："吃年夜饭的时候，是好多人围在一起的。""年夜饭的桌子上有很多我爱吃的菜。"……"等一会儿我们在建构区也搭一个年夜饭的桌子吧？"于是，一场关于餐桌演变的建构游戏拉开了帷幕。

【游戏过程】

（一）游戏初探索：一桌美味的年夜饭

建构游戏开始了，子麒和小伙伴们商量："我们来搭一个桌子吧，上面摆上满满一大桌子年夜饭。"得到小伙伴们的一致同意后，几人开始分工。子麒和小博两人拿来了几块炭烧积木，他们商量着怎么把炭烧积木组装成一张桌子，小博："你看，咱们的桌子有都有桌腿，咱们也得先摆出几条腿。"他们把炭烧积木立起来摆放，但是发现积木的高度

216

不够，于是将两块积木垒起来，这样高度看起来应该够了，子麒看着不够稳固的几条桌腿，想到了新的办法：他在第一层的桌腿下分别多摆了两块积木，然后得意地说："这回应该就稳了。"接下来是桌腿的连接，他们用稍长一些的炭烧积木将两排桌腿进行了连接，然后又选择了几块较大的泡沫积木摆在两排桌腿上，就这样，一张简陋的餐桌搭好了，他们又找来了许多不同颜色的泡沫积木当作美味的菜摆放在餐桌上，又搬来小板凳围坐在桌子四周，高兴地举起手中的杯子，一边干杯一边庆祝新年的到来（图3-10-1）。

图3-10-1 幼儿围在桌边吃年夜饭

（二）技能大提升：初建火锅店

有了上一次的游戏体验，孩子们在游戏结束后根据照片回顾着这次的游戏和下一步的想法：

子麒："我觉得今天的建构游戏特别好玩，大家能坐在一起吃饭。"

"下一次咱们邀请老师也来一起吃饭吧。"小博也兴奋地说。

欣欣："我觉得这次的餐桌搭的不太好，我给大家上菜的时候，小一点的菜会从洞里掉下去……"

"对对，桌子还不稳，我的腿不小心撞到了桌腿上，桌子晃了一下，还好没倒！"小博说。

孩子们的话题瞬间变成了简陋的餐桌。

"我们平时用的桌子是平面的，上面没有洞，所以可以放很多东西也不会掉。"说着，他们开始观察起自己的桌子，觉得桌腿也应该搭的稳一点。

听着大家的讨论，子麒忽然说："我有计划了，我们可以用长一点的积木搭桌面，把桌面铺满！"

说干就干，孩子们带着自己的计划再一次投入了游戏。

"桌子腿我们就用这个盒子吧，这个高。""欣欣你来扶稳，我用积木把两边压住。""多给我拿一些长条积木，咱们的桌子很大。"在子麒的带领下孩子们相互配合着，不一会儿，一张完整的桌子就搭好了。看着平整的桌面孩子们迫不及待地围坐在桌子旁边。欣欣则自发地当起了小服务员为大家上菜，孩子们举杯庆祝，享受着他们的成果（图3-10-2）。

图3-10-2　第二次搭建的平整的餐桌

这时，子麒忽然提出："我妈妈最喜欢吃火锅了，要不然我们玩开

火锅店的游戏吧。"听到子麒的提议，小伙伴们也纷纷附和。

我问道："火锅店里除了餐桌还有什么呢?"

"有卫生间。""有装垃圾的垃圾桶。""火锅店还要有酷酷的大门呢!"孩子们七嘴八舌地说。

有了新计划，孩子们再次投入游戏。在明确的分工下，不一会儿，火锅店的配套设施就已经完善了。最后，在激烈的讨论中，他们一起给火锅店起了个响亮的名字——生态火锅店（图3-10-3、图3-10-4、图3-10-5）。

图3-10-3　火锅店卫生间

图3-10-4　纸盒围建的垃圾桶

图3-10-5　火锅店大门

（三）店面大升级：火锅店开业

前两次的建构经验让孩子们信心十足，也在游戏的过程中不断迸发

出新的灵感。回顾着初具规模的火锅店，孩子们结合生活中的经验，决定将火锅店做大做强。

子麒："我们的火锅店只有一张桌子，客人多了没地方坐，得多搭几张桌子。"

小博："我要当老板，我准备在大门口建一个收银台，这样就能收钱了。"

轩轩："吃火锅还要喝饮料呢，我想做个冰箱，在里面装满饮料。"

欣欣："我想和小雅一起当服务员，多喊一些客人来我们火锅店吃饭。然后可以设计个菜单，让客人点菜。"

"可是火锅店的菜有很多品种，泡沫材料不够用啊！"子麒有点发愁。

这时酷爱制作手工的灵灵说："我们可以在美工区用黏土做菜，客人想吃什么菜，过来告诉我们，我们做就行啦！"

经过一番讨论，孩子们带着自己设计的火锅店图纸再次进入了游戏（图3-10-6、图3-10-7）。

图3-10-6　火锅店设计图

图3-10-7　张贴在店内的禁烟标志

　　有了前面的建构经验，这一次餐桌搭建的速度明显加快了许多，考虑到建构区的实际大小，子麒将设计好的5张餐桌改为了3张，并说："这样客人坐着宽敞一点。"（图3-10-8）在摆弄材料中，子麒还发现两个半圆形的泡沫积木可以拼成完整的圆。于是，他在每一张桌子上都摆放了一口圆圆的火锅（图3-10-9）。另外，在其他小朋友们的合作下，卫生间、收银台、冰箱等店内设施也一应俱全（图3-10-10）。美工区的"大厨"也准备了许多新鲜美味的菜。

图3-10-8　火锅店内的桌椅

图3-10-9　餐桌和菜单

图3-10-10　火锅店内配套设施

　　在小伙伴们的齐心合作下，生态火锅店终于开业了。小服务员们邀

请其他区域游戏的同伴来就餐，老板在收银台前算账收款，小厨师们忙得不可开交（图3-10-11），小小建筑师们也在火锅店内当起了维修师傅。孩子们在他们自己创造的游戏中玩得不亦乐乎（图3-10-12）。

图3-10-11　小厨师们正在做菜

图3-10-12　孩子们在火锅店内游戏

教师的思考：孩子们是通过"直接感知、实际操作、亲身体验"来学习的，自主游戏让孩子在探索中对事物进行感知，在操作中发现问题并解决问题，在体验中获得经验。

大班小朋友随着生活经验的丰富，对周围事物的兴趣度也逐渐提高，相应的观察力、模仿力、想象力也有了不同程度的显现。在一次自发的主题搭建活动中，通过年夜饭桌子的搭建引发了幼儿建构问题的产生和解决，随着火锅店设想的讨论，幼儿结合生活经验开始了谈话、设计、游戏、发现和解决问题等一系列活动，在一次次的操作中逐渐让游戏升级。

支持策略

（1）注重体验，引导幼儿学会合作、交往的方法。合作行为和交往方式是幼儿在不断的游戏中自我的练习、强化的过程。教师要做的就是创造交往的机会，让幼儿体会交往的乐趣。因此，我们要注重幼儿体验，为幼儿提供与同伴交往的机会，让幼儿在游戏中感受到合作的快乐，引发幼儿的合作行为。

（2）有效介入，帮助幼儿获得合作、交往的经验。《3—6岁儿童学习与发展指南》提出：结合具体情境，指导幼儿学习交往的基本规则和技能。有效介入是指幼儿碰到真问题无法解决时教师的介入。有些交往、合作的经验，幼儿可以自我获得，自己解决矛盾。如果需要教师的指导，作为教师可以巧妙介入，通过视频、照片等方式让孩子分享，引导幼儿从同伴的身上得到经验，及时帮助幼儿发现他人的闪光点，树立榜样的作用。

（3）大班幼儿具有强烈的自主意识和探究欲望，并具有执着的挑战精神，喜欢挑战有难度的问题。搭建火锅店是孩子们真实的游戏需要，他们是游戏的主人。搭什么、怎么搭、为什么搭完全由幼儿自己决定。教师的角色是搭建火锅店的陪伴者，看他们完成建造的记录者，对问题的思考者，对他们的建造感兴趣、提出疑问的好奇者，遇到困难时的启发者，为他们的成功而骄傲的赞美者。这让幼儿感到尊重和自由，在一次次攻克难关中获得自信，体验满足感和成就感，对游戏产生了持久动力。